Les évangélistes du marché

Les intellectuels britanniques et le néo-libéralisme

CHEZ LE MÊME ÉDITEUR

– Pierre Bourdieu, *Sur la télévision,*
suivi de *L'emprise du journalisme,* 1996

– ARESER (Association de réflexion sur les enseignements supérieurs et la recherche), *Diagnostics et remèdes urgents pour une université en péril,* 1997

– Serge Halimi, *Les nouveaux chiens de garde,* 1997

– Julien Duval, Christophe Gaubert, Frédéric Lebaron, Dominique Marchetti, Fabienne Pavis, *Le « décembre » des intellectuels français,* 1998

– Pierre Bourdieu, *Contre-feux. Propos pour servir à la résistance contre l'invasion néo-libérale,* 1998

KEITH DIXON

Les évangélistes du marché

Les intellectuels britanniques et le néo-libéralisme

RAISONS D'AGIR ÉDITIONS

Pour Laura

RAISONS D'AGIR Éditions
27 rue Jacob, 75006 Paris

INTRODUCTION

Ce petit ouvrage retrace l'histoire d'une conquête intellectuelle qui précéda une transformation des règles du jeu politique et du rapport des forces sociales au Royaume-Uni : l'offensive néo-libérale lancée au sein de l'élite intellectuelle britannique au début des années soixante-dix, en pleine crise économique et sociale, suivie de la victoire politique de ce qu'il est convenu d'appeler le "thatchérisme". La doctrine et la pratique politiques du thatchérisme ont largement inspiré des chercheurs, en Grande-Bretagne comme ailleurs, et il n'est pas question ici d'alourdir une littérature déjà abondante. Ce qui nous intéresse n'est pas tant le thatchérisme constitué en pratique politique, mais plutôt le rôle, à notre sens essentiel, joué par des intellectuels dans la stratégie de conquête néo-libérale, le mode d'insertion de ces derniers dans le combat politique, et l'efficacité de leurs activités. Celles-ci furent multiformes dans la période qui vit émerger le thatchérisme : des interventions à titre personnel aux lobbies structurés, tout fut mis en œuvre pour que la crise du keynésianisme qui marqua le début des années soixante-dix soit mise à profit pour promouvoir la "nouvelle" vision de la société britannique. Nous nous limiterons à l'examen d'un type d'intervention particulier, qui fut déterminant dans la bataille des idées de cette époque : celui des *think tanks*, ces organisations qui se présentent volontiers comme des forums de *réflexion*, mais qui doivent plutôt être appréhendées comme des *vecteurs privilégiés de l'activisme politique* de certains intellectuels, points d'appui essentiels pour influer sur les champs économique et politique.

Les analystes des *think tanks* dans le monde anglo-saxon font habituellement une distinction entre les centres de recherche indépendants, dont certains datent du début du siècle, dans lesquels le travail n'est pas orienté politiquement et qui méritent le nom de *think tank* puisque leur objectif est avant tout de poursuivre la réflexion sur tel ou tel aspect de la politique publique, et les centres de recherche de plus en plus nombreux qui se consacrent à la défense et l'illustration d'une doctrine, tentant non pas de faire avancer *la* pensée mais plutôt de répandre *leur* pensée; pour ces derniers les chercheurs préfèrent le terme *advocacy tanks.* Nous garderons ici le terme plus usité et sans doute plus ambigu de *think tank*, tout en étant conscient du fait que l'objectif premier des *think tanks* néo-libéraux dont il sera question ici est surtout le prosélytisme politique.

Dans le cas des *think tanks* néo-libéraux britanniques, on pourrait prétendre, sans trop tordre la réalité historique pour faire rentrer la France dans un récit qui se déroule essentiellement outre-Manche, que tout a commencé à Paris à la fin des années trente. En effet, la première réunion internationale de ceux qui, après la Seconde Guerre mondiale, devaient former l'avant-garde intellectuelle du libéralisme économique militant fut organisée à Paris le 26 août 1938. Il s'agit du *Colloque Walter Lippmann*, qui réunit une trentaine d'intervenants, journalistes et universitaires, dont les économistes autrichiens, Friedrich von Hayek et Ludwig von Mises. L'ensemble des participants s'accordait à voir dans le collectivisme, considéré dans le sens le plus large du terme, incluant à la fois les régimes nazi, fasciste et soviétique et la nouvelle doctrine keynésienne, l'ennemi principal de l'heure. Pour ceux qui croyaient que l'on pouvait trouver une voie moyenne entre l'économie de marché et le recours à l'intervention étatique - c'est sans doute le keynésianisme qui était visé ici deux ans seulement après la publication de la *Théorie générale* - le message du professeur Rougier, organisateur du colloque, reprenant une conceptualisation politique chère au théoricien autrichien, von Mises, fut sans ambiguïté :

« Le drame moral de notre époque, c'est, dès lors, l'aveuglement des hommes de gauche qui rêvent d'une démocratie politique et d'un planisme économique, sans comprendre que *le planisme économique implique l'État totalitaire* et que le socialisme libéral est une contradiction dans les termes. Le drame moral de notre époque, c'est l'aveuglement des hommes de droite qui soupirent d'admiration devant les gouvernements totalitaires, tout en revendiquant les avantages d'une économie capitaliste, sans se rendre compte que l'État totalitaire dévore la fortune privée, met au pas et bureaucratise toutes les formes de l'activité économique d'un pays. »[1]

Il s'agissait pour ce petit groupe international d'intellectuels de s'organiser contre « la dérive étatiste de l'Occident », cause principale de leur affaiblissement dans leur champ propre ainsi que dans le champ étatique. Cette riposte serait organisée en premier lieu sur le terrain de la lutte des idées. Rougier proposa, en conclusion du colloque, la création d'un centre international pour la rénovation du libéralisme, qui ne vit jamais le jour ; quelques mois après la guerre éclata et mit entre paren-

1. Cité par Richard Cockett dans *Thinking the Unthinkable. Think-Tanks and the Economic Counter-Revolution, 1931-1983*, Londres, Fontana Press, 1994, p.11.

thèses le projet grandiose de Rougier. Néanmoins, l'idée était lancée et fut reprise, une dizaine d'années plus tard, par certains participants du colloque originel.

Du 1er au 10 avril 1947 fut organisée dans un hôtel, situé près de Montreux, sur le Mont-Pèlerin, une nouvelle réunion intellectuelle internationale consacrée à la défense du libéralisme économique mais surtout à la discussion des moyens organisationnels de lutte contre le keynésianisme en voie de devenir la nouvelle orthodoxie sociale et économique occidentale. Cette réunion marqua la naissance d'une société savante de type assez particulier, la *Société du Mont-Pèlerin*, qui garde encore aujourd'hui une certaine vivacité intellectuelle et politique, même si elle ne joue plus un rôle aussi important que naguère, sur le plan international, dans la propagation de la bonne nouvelle libérale (le réseau informatique néo-libéral, *StateNet*, basé aux États-Unis, a aujourd'hui une efficacité autrement plus immédiate dans la coordination des activités néo-libérales). La *Société du Mont-Pèlerin* a néanmoins joué un rôle précurseur essentiel en structurant l'opposition intellectuelle à toute forme d'intervention étatique et en abritant dans ses séminaires internationaux annuels, pendant de longues années, tout ce qui restait de la droite libérale dans un monde universitaire et journalistique très largement dominé par le consensus keynésien.

Ceux qui devaient devenir les principaux acteurs et centres universitaires du libéralisme économique dans la période de l'après-guerre étaient déjà très largement représentés au Mont-Pèlerin lors de la réunion inaugurale en 1947. La *London School of Economics* (*LSE*, souvent associée par la vulgate journalistique à la gauche keynésienne mais qui abrite, depuis les années trente, un fort courant libéral), l'*Institut universitaire des hautes études internationales* de Genève, les universités de Chicago et de Vienne étaient présents. Von Mises, von Hayek et Popper faisaient partie d'un contingent autrichien important; ils côtoyaient, parmi d'autres, le professeur Lionel Robbins de la *LSE* (un des acteurs les plus importants dans l'histoire du libéralisme économique universitaire dans la Grande-Bretagne de l'après-guerre), le très jeune professeur Milton Friedman de Chicago et le journaliste américain, Henry Hazlitt, qui plus tard devait ouvrir les colonnes de *Newsweek* aux néolibéraux américains et britanniques en manque de débouchés journalistiques. La France fut représentée par les professeurs Allais et Trévoux. Jacques Rueff, haut fonctionnaire français, rejoignit la *Société du Mont-Pèlerin* dès sa deuxième réunion internationale et y joua, pendant toute la période de l'après-guerre, un rôle très actif sur le plan de l'élaboration théorique[2].

L'histoire ultérieure du combat de cette internationale intellectuelle pour imposer une vision de marché aux élites dirigeantes est celle d'une longue éclipse, pendant laquelle les principaux protagonistes, y compris les plus distingués (on pense par exemple à von Hayek), connurent un isolement intellectuel que les plus pessimistes d'entre eux auraient pu considérer comme définitif. Cet isolement dura le temps de la domination keynésienne dans les universités et sur les modes de pensée et d'action gouvernementales - c'est-à-dire jusqu'au milieu des années soixante-dix. L'influence keynésienne fut, bien sûr, intimement liée à l'état de santé de l'économie; autrement dit, tant que le keynésianisme (ou ce qui était présenté comme tel) assurait la croissance économique ainsi que des niveaux de chômage et d'inflation dans les limites du politiquement raisonnable, il aurait été téméraire de remettre en cause le

2. Voir, par exemple, Jacques Rueff, "La fin de l'ère keynésienne" dans *Le Libéralisme? De Karl Marx à Milton Friedman*, Paris, Congrès de la Société du Mont-Pèlerin, 1976.

consensus régnant. Ce n'est qu'à l'occasion des dysfonctionnements de plus en plus graves des économies occidentales que l'orthodoxie keynésienne commença à perdre de son assurance et que l'offensive néo-libérale, longtemps préparée en coulisses, trouva les conditions nécessaires à son développement et put se déployer pleinement.

Or, où mieux entamer le combat néo-libéral que dans le pays qui semblait illustrer le plus amplement la faillite du keynésianisme, à savoir la Grande-Bretagne des années de plomb, à partir du début des années soixante-dix? Si l'on peut considérer que cette offensive a eu des conséquences profondes, à terme, dans la quasi-totalité des pays industrialisés et en voie de l'être, c'est surtout dans le monde anglo-saxon que les effets furent les plus immédiatement perceptibles, et cela surtout sous les régimes de Ronald Reagan et de Margaret Thatcher pendant les années quatre-vingt. C'est sans aucun doute aux États-Unis que les réseaux néo-libéraux ont été les mieux organisés (et les mieux dotés en moyens et en personnel), mais c'est en Grande-Bretagne que l'impact du néo-libéralisme a été le plus spectaculaire, confronté comme il l'était à un mouvement ouvrier encore relativement puissant et une forte tradition d'intervention étatique dans les domaines économique et social, et c'est là aussi que la défaite intellectuelle et politique de la gauche keynésienne a été la plus retentissante.

Si ce qui va suivre concerne essentiellement l'histoire récente des îles Britanniques, certains aspects ne doivent pas être indifférents au lecteur français. La grande majorité des *think tanks* joue aujourd'hui le rôle de voitures-balais de l'idéologie néo-libérale, qui ne connaît pas de frontières. Les évangélistes du marché se multiplient dans le monde anglo-saxon au sens large, où les plus anciens des *think tanks* britanniques et américains ont essaimé (c'est le cas au

Canada, en Australie, en Nouvelle-Zélande) : mais ils étendent également leur activité vers le monde en développement, ciblant par exemple l'Amérique du Sud et les anciens pays de l'Est, où certaines expériences gouvernementales néo-libérales sont directement inspirées par les économistes de Chicago et activement soutenues sur place par les nouvelles filiales des *think tanks* occidentaux[3]. En France, où depuis la guerre le terrain est somme toute assez ingrat pour les zélés partisans du capitalisme sauvage, on voit apparaître des réseaux et des clubs qui œuvrent dans le même sens que leurs homologues américains ou britanniques, se servant souvent des mêmes armes. On pense, par exemple, dans le champ politique, aux nouveaux groupements issus de la crise de la droite française, autour d'Alain Madelin et de Charles Millon. Mais il ne faudrait pas négliger, dans un tout autre genre, les interventions autrement plus nuancées et sans doute plus efficaces à terme, de la *Fondation Saint-Simon*, où se retrouvent dans un mélange, qui n'a rien d'hétéroclite, intellectuels de droite et "de gauche", économistes d'affaires et universitaires, philosophes et journalistes, et qui s'est donné pour mission d'inculquer le "réalisme" aux acteurs sociaux.

L'analogie entre l'influence des *think tanks* britanniques et de leurs relais médiatiques et l'actualité française des années quatre-vingt-dix est évidente. A l'instar de l'*Institute of Economic Affairs* (*IEA*) en Grande-Bretagne ou de l'*Heritage Foundation* aux États-Unis, la *Fondation Saint-Simon*, parmi d'autres groupes d'influence revendiquant plus ouvertement leur filiation néo-libérale, utilise un puissant réseau médiatique, avec le concours d'intellectuels

3. Sur l'implantation des *think tanks* américains en Europe centrale et orientale, voir Diane Stone, *Capturing the Political Imagination. Think Tanks and the Policy Process*, Londres - Portland, Or., Frank Cass, 1996, p.134.

gagnés à la cause du réalisme libéral (fût-il "de gauche"), pour construire un nouveau sens commun capable de mettre un terme au radicalisme politique et social français, dont le mouvement social de novembre et décembre 1995 (activement combattu par des intellectuels liés à cette Fondation) a été le plus récent et le plus spectaculaire exemple. Dans ce travail intellectuel de reconstruction du sens commun, la disqualification des adversaires, de tous ceux qui ne se plient pas joyeusement aux nouvelles contraintes supposées de la mondialisation, est de rigueur : ils sont "archaïques", "corporatistes", "irréalistes", "irresponsables", "utopistes" (et l'utopie mènerait tout droit à la servitude totalitaire). Ils font partie en somme de ce que la droite britannique appelait, dans les années quatre-vingt, la *loony left* (la gauche «barjo») - sinistre appellation qui suggère que ceux qui croient encore à une alternative au capitalisme sauvage méritent de se trouver au *loony bin* (à l'asile).

Le développement politique du néo-libéralisme ne va pas cependant sans difficulté. Si les années soixante-dix et quatre-vingt constituèrent une période faste, les années quatre-vingt-dix marquent un ralentissement significatif dans la propagation de la bonne nouvelle du marché sans entraves. Les promesses non tenues de lendemains qui chantent, les difficultés croissantes à faire croire que les contes de fées inventés par Friedman et Hayek, et relayés par tant d'intellectuels de moindre envergure, auront un *happy ending*, font apercevoir des fissures dans l'édifice néo-libéral. Il y eut, au début de la décennie, les difficultés politiques de Margaret Thatcher et la récession économique en Grande-Bretagne, fer de lance du néo-libéralisme. Il y eut également l'introduction à haute dose des mécanismes de marché dans l'ancien bloc soviétique, la destruction de ce qui restait de protection sociale dans ces mêmes pays et les lourdes conséquences en termes de corruption, de désagrégation sociale et de violences mafieuses.

Plus de quinze ans après la mise en œuvre de politiques néo-libérales dans presque tous les pays industrialisés, on peut commencer à mesurer les dégâts économiques et sociaux que les idéologues ont infligés aux populations concernées. Partout où l'on a "libéré les forces du marché", les inégalités sociales se sont accrues. Dans certains cas extrêmes, on voit revenir des phénomènes et des pratiques que la plupart des historiens économiques des pays industrialisés avaient trop rapidement relégués au passé, comme maladies infantiles du capitalisme naissant. La protection de l'emploi a été réduite à sa plus simple expression pour de larges couches de la population travailleuse, et les syndicats, là où ils avaient gardé une certaine puissance, ont été pourchassés, et dans certains cas leurs activités ont été criminalisées. En Grande-Bretagne, après une campagne de longue haleine dans laquelle Friedrich von Hayek a joué un rôle central de théorisation, on en est revenu à une situation *d'avant 1906*, date à laquelle un gouvernement du Parti libéral avait accordé une réelle protection juridique aux organisations syndicales. Ces fameuses "immunités" dont bénéficiaient les syndicats britanniques, et qui les mettaient à l'abri de poursuites judiciaires ruineuses lors de l'organisation de grèves, furent enfin battues en brèche. De l'aveu même de ceux qui ont introduit une législation qui a muselé les syndicats d'outre-Manche, l'objectif recherché était de rétablir l'autorité absolue des directions d'entreprise, le fameux "*management's right to manage*". Partout on a poussé à la collaboration, à "l'accompagnement" des politiques néo-libérales de la part de ceux qui ont le plus à perdre dans leur développement : le mouvement ouvrier en est sorti divisé, désœuvré et terriblement affaibli. En Grande-Bretagne, des syndicats importants ont accepté, au nom du réalisme, de renoncer à la grève comme moyen d'action collectif, en échange de reconnaissance par les directions d'entreprise ou de garanties sur l'emploi (les "*no-strike agreements*"). En France, on a vu la direction d'une des grandes centrales syndicales défendre la réduction des droits sociaux au nom du réalisme économique, et passer du côté d'un gouvernement de droite contre le mouvement social. Mais on a aussi vu fleurir de nouveaux mouvements plus radicaux, refusant la paix séparée avec le capitalisme proposée par certains syndicats traditionnels. En France, par exemple, deux nouvelles organisations syndicales ont émergé - SUD et la FSU - dont la propension à se plier au réalisme néo-libéral est très réduite.

Partout la déréglementation a soumis les couches les plus fragiles de la population (pour ne parler que d'elles) à la merci d'un marché dont on vantait les mécanismes "impersonnels", créant de la sorte un véritable boom dans l'activité caritative. Le "*short, sharp shock*" que les néo-libéraux voulaient infliger à leurs économies respectives n'a pas porté les fruits escomptés : ils avaient promis la création de "vrais emplois" (contre les emplois subventionnés de l'État providence) et partout on a vu fleurir les emplois précaires à temps partiel (ces "petits boulots" dont vit une partie toujours croissante de la population européenne, surtout les jeunes et les femmes); ils avaient promis le retour d'une croissance forte sur les bases d'une économie assainie, mais là où il y a croissance, elle est fragile, et certaines économies se trouvent déréglées par l'hypertrophie du secteur financier au détriment d'un secteur productif toujours en difficulté. La très récente crise de l'Asie du Sud-Est, bateau-phare du capitalisme plus ou moins sauvage, est là pour souligner l'écart entre la réalité et l'utopie néo-libérale.

Malgré la rhétorique dominante en France sur la réussite des pays anglo-saxons, c'est tout le contraire d'une réussite sociale que l'on constate si l'on veut aller au-delà de l'analyse journalistique. Selon Will Hutton, 30% de la population active britannique vit aujourd'hui dans la détresse matérielle, et 30% dans la précarité[4] (il est vrai que Hutton a écrit son livre avant l'arrivée de Tony Blair au 10 Downing Street, mais on attend encore une amélioration dans ce domaine). Des milliers d'enfants de moins de *douze ans* travaillent pour suppléer au revenu familial dans des conditions rendues possibles par la déréglementation massive du marché du travail. Rappelons simplement à ceux qui aujourd'hui citent en exemple le cas britannique (au CNPF comme à *Libération*, sur TF1 comme à Sciences-po Paris), que pour tous les précaires britanniques, il n'y a pas de limite dans le nombre d'heures de travail par semaine que leur employeur peut exiger d'eux (et dans le cas des fameux "*zero hour contracts*" ils peuvent passer des semaines sans la garantie d'une seule heure de travail), il n'y a pas de congé de maternité, et pour beaucoup il n'y a pas de congé tout court. D'ailleurs, la précarité gagne l'ensemble du salariat britannique puisque l'on doit attendre d'avoir travaillé *deux ans* pour le même employeur avant d'être protégé d'un éventuel licenciement abusif. On comprend mieux l'assurance retrouvée des employeurs britanniques, et l'enthousiasme des employeurs étrangers, en premier lieu japonais et américains, qui depuis une quinzaine d'années accourent vers la Grande-Bretagne et sa main-d'œuvre flexible.

Mais il faut revenir aux origines, pour comprendre *comment* la société britannique a pu se transformer en un quart de siècle (Margaret Thatcher a récemment déclaré à la télévision britannique "*J'ai* transformé la Grande-Bretagne"), d'une démocratie sociale largement empreinte

4. Will Hutton, *The State We're In*, Londres, Jonathan Cape, 1995, p.14.

des valeurs d'un mouvement ouvrier réformiste et solidaire en une économie "libérée" de l'intervention étatique et syndicale, flattant l'individualisme parfois sous ses formes les plus cyniques, poursuivant ses pauvres et ses exclus avec des règlements toujours plus disciplinaires sinon punitifs (les propositions du Ministre de l'intérieur travailliste, Jack Straw, d'introduire un couvre-feu dans certains quartiers populaires et d'engager des poursuites contre les parents de certains jeunes délinquants, sont éloquentes à cet égard). Il faut revenir aux origines aussi pour comprendre comment un nombre très limité d'activistes intellectuels ont pu, en l'espace de quelques années, infléchir d'abord la stratégie politique du Parti conservateur pour ensuite transformer radicalement la politique gouvernementale; peser plus lourd, en somme, que des milliers de militants et des millions d'électeurs. Une des clés, comme nous l'avons déjà suggéré, doit d'abord être recherchée dans l'histoire intellectuelle de l'après-guerre et ses relations complexes avec une conjoncture économique, sociale et politique particulière.

1

Lutter contre le consensus : de la *Société du Mont-Pèlerin* à l'*Institute of Economic Affairs*

Au lendemain de la Seconde Guerre mondiale, la volonté de changement qui s'était exprimée par la victoire inattendue des travaillistes aux élections législatives de juin 1945, prit corps dans un programme de réformes économiques et sociales ambitieuses (mais mal préparées) proposées par le nouveau Premier ministre, Clement Attlee. Ces réformes - nationalisations touchant les secteurs-clés de l'économie britannique, vaste remodelage du système de protection sociale instituant un véritable État social, instauration d'un système national de santé faisant des médecins des salariés de l'État britannique et assurant la gratuité des soins médicaux - portaient l'empreinte de deux hommes, William Beveridge, auteur d'un rapport sur la protection sociale remis au gouvernement britannique en décembre 1942, et surtout John Maynard Keynes. Bourgeois réformistes, proches du petit Parti libéral et, somme toute, assez éloignés de la tradition et des milieux socialistes, Beveridge et Keynes s'accordaient néanmoins pour constater que, pour assurer la survie du capitalisme et pour le protéger de ses propres excès qui avaient provoqué la misère de masse et les désordres de l'entre-deux-guerres, il fallait une intervention résolue de l'État dans les domaines économique et social. C'est d'ailleurs sur cette base que fut construit le fameux consensus social et politique britannique de l'après-guerre, baptisé "*butskellisme*" par *The Economist* en février 1954 (télescopage des noms de deux chanceliers de l'Échiquier, le conservateur Butler et le travailliste Gaitskell). La conjoncture politique de l'immédiat après-guerre voulut que ce soit le Parti travailliste qui prenne à son compte cette "rupture" consensuelle keynésienne et beveridgienne, mais le retour des conservateurs au pouvoir en 1951 (pour y rester jusqu'en 1964) se fit dans la continuité de la politique définie en 1945.

La victoire travailliste, si elle n'avait rien d'une révolution sociale, envoya néanmoins des ondes de choc dans l'ensemble de la société britannique et surtout dans ses secteurs les plus traditionalistes. Ainsi, dans la petite bourgeoisie commerçante conservatrice des Midlands de l'Angleterre où naquit Margaret Thatcher (qui avait vingt ans en 1945), ce fut sans doute un traumatisme sévère de voir des "agitateurs" de la gauche travailliste d'avant-guerre, tels Aneurin Bevan ou Stafford Cripps, accéder au pouvoir, et la future Dame de Fer fut élevée dans le souvenir douloureux de ce traumatisme. Pour d'autres, un petit nombre d'intellectuels de droite, dont Friedrich von Hayek, anti-keynésien convaincu qui travaillait à la *London School of Economics* depuis 1931 et venait de publier son pamphlet anti-collectiviste, *La route de la servitude* (1944), ce nouveau départ britannique fut ressenti comme un échec dramatique, la défaite de leur vision du monde économique et social, le commencement de la fin d'une société "ouverte", un pas important de plus vers la servitude totalitaire.

UNE SOCIÉTÉ SAVANTE DE TYPE NOUVEAU

Dépouillant la victoire travailliste de ses aspects les plus immédiatement politiques et la traduisant comme le simple reflet de l'hégémonie intellectuelle grandissante du keynésianisme et plus généralement de l'interventionnisme "socialiste", von Hayek ne voyait pas d'autre solution que d'œuvrer au retournement de la situation politique, au renversement du rapport de forces dans les champs économique et étatique, par un long travail de reconstruction *intellectuelle*. Se méfiant des partis politiques et des politiciens, même conservateurs, dont les préoccupations à court terme, le pragmatisme et le sens du compromis inévitable lui répugnaient, von Hayek misait tout sur des intellectuels pour défaire ce que d'autres intellectuels avaient fait (il pensait là non seulement à Keynes mais à toute la tradition d'interventionnisme réformiste représentée par les Webb et la *Fabian Society*). Il promit donc de mener la guerre des idées parmi les responsables de la "révolution collectiviste", à savoir les intellectuels. Ce fut le sens de ses combats ultérieurs.

La réunion du Mont-Pèlerin fut un moment important dans la construction de cette riposte intellectuelle sur le plan international. Des universitaires venant de plusieurs pays[5], représentant certes des opinions assez diverses (on y trouve von Hayek et Friedman, mais aussi Jouvenel et Polanyi, auteur de *La grande transformation*) et cependant unis dans leur refus du "collectivisme", se sont réunis pendant neuf jours, avec un programme de discussion des principaux enjeux économiques, sociaux et politiques de l'après-guerre. On remarquera la présence, dès cette première réunion, de journalistes, (Davenport de *Fortune Magazine*, Hazlitt de *Newsweek*, Wedgwood de *Time and*

5. Pour la liste complète des participants à la première réunion de la *Société du Mont-Pèlerin*, voir Richard Cockett, *op. cit.*, p. 336-338. On trouvera une analyse critique des origines de la Société du Mont-Pèlerin dans C. Pasche et S. Peters, "Les premiers pas de la Société du Mont-Pèlerin ou les dessous chics du néolibéralisme", *Les Annuelles*, n° 8, 1997, p.191-216.

Tide, Révay du *Reader's Digest*). En effet, la recherche active de débouchés médiatiques pour leurs idées fut un des axes de travail que les néo-libéraux devaient développer dans les années à venir.

LA SOCIÉTÉ DU MONT-PÈLERIN

Fondée en 1947 par un petit groupe d'intellectuels (surtout économistes) sous l'impulsion initiale de Friedrich von Hayek, la *Société du Mont-Pèlerin* est en quelque sorte la "maison mère" des *think tanks* néo-libéraux. Conçue comme une société savante internationale, elle s'est donné comme objectif, dès le début de la période de consensus keynésien, de changer le climat d'opinion parmi les intellectuels occidentaux en faveur du libéralisme économique. Elle a travaillé à contre-courant dans les champs économique et politique jusqu'à la crise du keynésianisme, au début des années soixante-dix. Depuis elle est devenue le lieu de rencontre des activistes intellectuels du néo-libéralisme international dans un contexte beaucoup plus favorable, qu'elle-même a contribué à créer. Actuellement on trouve parmi ses 5 000 membres, choisis parmi l'élite politique, économique et universitaire, plusieurs anciens ministres (Antonio Martino, ancien ministre des Affaires étrangères italien, Ruth Richardson, ancienne ministre des Finances de Nouvelle-Zélande, John Biffen, Geoffrey Howe et Rhodes Boyson, anciens membres du gouvernement Thatcher, etc.), de nombreux économistes (Yoshio Suzuki, économiste et politicien japonais, Pascal Salin, l'un des relais français du néo-libéralisme universitaire, James Buchanan, prix Nobel d'économie dont le nom est associé à la théorie du "*public choice*", et, bien sûr, Milton Friedman, membre fondateur et principal théoricien du monétarisme), ainsi que des personnalités du monde économique comme Maurice Newman, président de la Bourse australienne.

Plusieurs de ceux qui ont été étroitement associés aux travaux de la *Société du Mont-Pèlerin* ont créé leurs propres réseaux nationaux d'influence néo-libérale. C'est le cas d'Edward Feulner, fondateur de l'*Heritage Foundation* et actuel président de la *Société du Mont-Pèlerin* et d'*Heritage.* C'est le cas également du milliardaire britannique, Antony Fisher, fervent admirateur des théories de von Hayek, membre fondateur de la *Société du Mont-Pèlerin* et principal bailleur de fonds de l'*Institute of Economic Affairs* en Grande-Bretagne, avant de susciter la création de *think tanks* néo-libéraux dans plusieurs autres pays anglo-saxons. Ralph Harris, fondateur de l'*Institute of Economic Affairs* et permanent du *think tank* britannique pendant de longues années fut également président de la *Société du Mont-Pèlerin.*

A la différence d'autres *think tanks* de la nébuleuse néo-libérale, la *Société du Mont-Pèlerin* ne dispose ni de personnel permanent ni de bureaux, et elle publie très peu. Son activité, très peu médiatisée, s'articule essentiellement autour de séminaires et de colloques organisés à intervalles réguliers partout dans le monde.

Von Hayek, qui fut à l'initiative de la réunion, assura la conférence introductive ainsi que la conclusion et fut le premier intervenant dans la séance consacrée, à mi-parcours, aux "objectifs et finalités d'une organisation permanente". Car là résidait la raison d'être de cette première réunion : la création d'une structure internationale permanente mettant en relation des intellectuels engagés dans la défense et la promotion des idées du libéralisme et dans le combat contre l'intervention étatique. Ce sont les premiers pas dans la construction d'une véritable internationale des intellectuels néo-libéraux.

Dès ses débuts, des hommes d'affaires et des industriels apportèrent leur appui à cette entreprise. En Suisse, von

Hayek avait rencontré le Docteur Hunold, homme d'affaires déjà impliqué dans l'activité de l'*Institut des hautes études internationales* de Genève, qui lui avait assuré son soutien financier pour son projet de "société savante" ainsi que celui d'un groupe d'industriels et de banquiers suisses. Aux États-Unis, le *William Volker Fund* fournit une aide considérable au lancement de la *Société du Mont-Pèlerin*[6] (en finançant, par exemple, le déplacement des participants américains à la réunion inaugurale). En Grande-Bretagne, les projets des hayekiens furent soutenus au départ par l'homme d'affaires Antony Fisher. Ces apports financiers aux penseurs de la "révolution néo-libérale"[7], au début assez modestes et ne concernant qu'un groupe restreint de mécènes, prirent bien sûr des dimensions beaucoup plus importantes lors de la montée en puissance et de la multiplication des *think tanks* néo-libéraux vingt-cinq ans plus tard. Aujourd'hui les principaux *think tanks* néo-libéraux bénéficient d'un soutien massif du monde industriel et des affaires, que ce soit aux États-Unis ou en Grande-Bretagne.

Cette structure internationale, bientôt relayée par des organisations nationales, permit aux intellectuels qui se sentaient assiégés par le consensus social-démocrate, keynésien et interventionniste, de s'entraider et de préparer la riposte. Mais la traversée du désert, comme von Hayek l'avait prévu, fut longue (même si pour beaucoup d'entre

6. Voir Susan George, "Comment la pensée devient unique", *Le Monde Diplomatique*, août 1996, p. 16-17.

7. Nous utiliserons ici le terme de "révolution néo-libérale", car il s'agit plus d'un projet de transformation économique et sociale pour établir un nouvel ordre dans lequel le marché devient l'arbitre essentiel de toutes les transactions, que d'un retour à un quelconque *statu quo ante*. Il va sans dire qu'un tel projet peut aussi mobiliser les partisans nostalgiques d'une "restauration" de l'ordre ancien : ce fut d'ailleurs le cas en Grande-Bretagne lorsque les "néo-conservateurs", défenseurs d'un État fort et autoritaire, rejoignirent le camp thatchérien.

eux elle fut très confortable sur le plan matériel). Pendant les vingt-cinq ans de relative prospérité assurée sous l'égide d'un État modérément interventionniste, en Grande-Bretagne comme en France ou en Allemagne, les idées de von Hayek et de von Mises et plus généralement de "l'école autrichienne" - leur refus catégorique de toute forme d'intervention de l'État, en dehors de celles prévues, dans la mise à disposition de biens publics, par les économistes classiques - semblaient au mieux marginales, sinon franchement loufoques. Les manuels économiques universitaires (à commencer par celui de Paul Samuelson, très largement utilisé dans les départements de sciences économiques des universités anglo-saxonnes), les bureaucraties d'État, les partis dominants, de droite et de gauche, allaient dans le sens de la consolidation de l'hégémonie keynésienne.

C'est d'ailleurs pendant cette période que le principal protagoniste intellectuel de la future révolution néo-libérale, von Hayek, délaissa la théorie économique pour se consacrer plus pleinement à la philosophie politique et sociale, comme si la bataille d'idées économiques dans le monde universitaire devenait trop ingrate. On trouve néanmoins, dans ses ouvrages de réflexion politique cette même centralité du marché et de son ordre spontané, ce même émerveillement devant les agissements de la main invisible, cette même horreur de toute forme d'interventionnisme, ce même pessimisme conservateur anti-rationnel, qui caractérisait ses premières recherches économiques datant des années vingt et trente et ses premières polémiques avec les keynésiens. Tant qu'il occupa une position marginale et dominée dans le champ de l'économie universitaire internationale, von Hayek ne dédaigna pas l'intervention plus directement politique, espérant ainsi hâter le printemps en écrivant des tracts et des pamphlets pour ses amis répartis dans les différents réseaux et *think tanks*, surtout dans le monde anglo-saxon.

Von Hayek quitta la Grande-Bretagne en 1950 pour prendre une chaire de sciences morales et sociales créée pour lui à l'université de Chicago, avec laquelle il entretenait des liens étroits, puisque ce furent les Presses de l'université de Chicago qui publièrent la version américaine de *La route de la servitude* en 1945, et ce fut elle encore qui parraina et organisa la tournée de conférences qu'il effectua la même année aux États-Unis pour populariser les idées de son livre. Ce fut sans doute le départ de von Hayek vers les États-Unis qui retarda l'émergence d'une structure spécifiquement britannique vouée à la propagation des idées du libéralisme économique.

Les dissidents de droite du consensus keynésien britannique ne manquaient cependant pas de structures d'accueil et de réflexion : ainsi l'*Economic League* (fondée en 1919 pour "combattre le communisme et d'autres formes de subversion en combinant la dénonciation et l'éducation économique constructive" et encore active aujourd'hui) accueillait volontiers ceux qui voulaient mener un travail de terrain contre les militants politiques et syndicaux dans le monde ouvrier (fichage des militants, constitution de listes noires, etc.) ; *Aims of Industry* (fondé en 1942) regroupait des industriels opposés au programme travailliste de nationalisations et proclamait ses convictions à grands renforts de publicité dans la presse ; à l'intérieur du Parti conservateur, des groupements radicaux (tel que le *Bow Group* créé en 1951) permettaient aux minoritaires de s'exprimer et de tenter d'influer sur la politique de leur parti. Cependant la plupart de ces groupes étaient marginaux et en tant que tels en proie aux idées et aux influences de personnalités des moins respectables qui, à leur tour, les maintenaient dans la marginalité. Il était facile à l'époque de rejeter le maccarthysme délirant de l'*Economic League*, le militantisme trop ouvertement patronal d'*Aims of Industry* et l'autoritarisme social exacerbé de certains membres du *Bow Group*, nostalgiques d'un ordre impérial en voie de dissolution. Bref, la reconquête intellectuelle, dont rêvaient von Hayek et ses quelques supporters britanniques, ne pouvait pas partir sur des bases aussi fragiles.

UN PREMIER *THINK TANK* BRITANNIQUE

L'idée de la création d'un institut de recherche privé, officiellement indépendant des partis politiques, promouvant et vulgarisant les recherches menées par des intellectuels libéraux dans le domaine économique, fut le résultat des conversations entre von Hayek, avant son départ pour les États-Unis, et Antony Fisher, qui cherchait un moyen efficace pour lutter contre les idées "collectivistes". Fisher fut à l'origine de la création, en 1955, de l'*Institute of Economic Affairs*, le plus ancien et sans doute le plus influent des *think tanks* néo-libéraux britanniques. On le retrouvera un quart de siècle plus tard, milliardaire grâce à ses innovations en matière d'élevage industriel de poulets et promoteur international des *think tanks* de droite. En attendant d'être rejoint par d'autres industriels conscients de l'intérêt capital d'une telle opération, Fisher porta l'*IEA* à bout de bras pendant les premières années de son existence.

C'est d'ailleurs ici qu'apparaît l'une des spécificités des *think tanks* néo-libéraux : leur très grande complémentarité, voire complicité. Non seulement l'*IEA* ne portait pas préjudice à l'activité déjà établie de la *Société du Mont-Pèlerin*, mais au contraire on voit peu à peu leurs organigrammes s'imbriquer et se confondre. Ainsi en 1959, deux ans seulement après ses premières publications, l'*IEA* organisa à Oxford l'accueil de la réunion annuelle de la *Société du Mont-Pèlerin.* L'*IEA* n'était en quelque sorte que l'expression "nationale" d'un réseau à vocation internationale : figures de proue dans les séminaires organisés par la *Société du Mont-Pèlerin,* Von Hayek et Friedman vont fournir à l'*IEA* pléthore de pamphlets, vulgarisant le libéralisme "authentique" et, plus tard, le monétarisme. De la même manière, Ralph Harris, qui fut co-fondateur de l'*IEA* et premier chercheur à y travailler à plein temps avec Arthur Seldon, devait occuper plus tard le poste de secrétaire, et ensuite celui de vice-président de la *Société du Mont-Pèlerin.* Il faut savoir percer la rhétorique actuelle sur le "marché des idées" et la "saine émulation" entre les *think tanks* qui foisonnent effectivement aujourd'hui dans le monde anglo-saxon, pour constater, au-delà de la concurrence apparente, ce qui est devenu un véritable cartel organisé d'influence néo-libérale internationale. Un coup d'œil même superficiel sur les directions des principaux *think tanks* anglo-saxons contemporains permet de confirmer cette tendance à l'imbrication : les mêmes noms se trouvent des deux côtés de l'Atlantique dans un nombre toujours croissant d'officines néo-libérales (ce fut le cas de von Hayek avant sa mort, et c'est encore aujourd'hui le cas de Friedman et du théoricien du *public choice,* Buchanan, pour ne mentionner que les penseurs les plus en vue).

Dès le début, donc, il y eut compatibilité complète entre l'activité plutôt d'édition (du moins au départ) de l'*IEA* et celle d'organisation de séminaires et de réunions de recherche internationale de la *Société du Mont-Pèlerin.* Lorsque c'était nécessaire les membres de la *Société du Mont-Pèlerin* prêtaient main-forte au petit nouveau britannique. Ainsi, Henry Hazlitt, ancien journaliste du *New York Times* passé à *Newsweek* en 1946, qui avait été l'un des pères fondateurs du réseau libéral international (présent dès la première réunion de la *Société du Mont-Pèlerin*), assura la publicité des premiers écrits de l'*IEA*, garantissant ainsi non seulement leur succès financier mais aussi leur respectabilité accrue dans la bataille des idées. Cette collaboration étroite entre les structures "de réflexion" néo-libérale et certains organes de presse devait s'épanouir pendant les années soixante-dix et quatre-vingt.

UN VRP DE LA RÉVOLUTION NÉO-LIBÉRALE : ANTONY FISHER

Le nom du britannique Antony Fisher est omni-présent dans l'histoire des *think tanks* du monde anglophone. Anti-communiste militant, converti au néo-libéralisme après sa lecture de *La route de la servitude* de von Hayek en 1945 (dans la version du *Reader's Digest*), il partagea sa vie entre ses activités industrielles (il devint milliardaire grâce à l'élevage industriel de poulets - son entreprise, *Buxted Chickens*, fut vendue pour la somme de 21 millions de livres en 1968) et le soutien actif aux réseaux néo-libéraux partout dans le monde anglophone.

Après avoir assisté à la réunion fondatrice de la *Société du Mont-Pèlerin* et pris conseil auprès de von Hayek en personne, il devint le principal bailleur de fonds du premier *think-tank* britannique à diffuser les théories du libéralisme économique, l'*Institute of Economic Affairs*. C'est grâce à son apport que cet institut put survivre pendant les années maigres du consensus keynésien.

Dans les années soixante-dix, il reprit son bâton de (mont) pèlerin et parcourut le monde anglophone pour encourager la création d'"instituts" sur le modèle déjà rôdé en Angleterre. En 1975, il devint co-directeur du *Fraser Institute* à Vancouver, au Canada, et trouva des financements privés pour cette officine néo-libérale. De la même manière il contribua à la création, à New York, de l'*International Center for Economic Policy Studies* qui devint ensuite le *Manhattan*

Institute for Policy Research. En 1979, toujours aux États-Unis, Fisher fonda le *Pacific Institute for Public Policy* à San Francisco. Dans les années quatre-vingt, on le retrouve en Australie, où il contribua au développement du *Centre for Independent Studies*, encore un centre de propagande néo-libérale, et de nouveau aux États-Unis où il participa à la fondation et au développement de l'*Atlas Institute*, qui avait pour vocation d'essaimer des *think tanks* néo-libéraux partout dans le monde. *Atlas* prétend d'ailleurs avoir contribué d'une façon ou d'une autre à la création de soixante-dix-huit *think tanks* néo-libéraux ou néo-conservateurs, dont trente-et-un en Amérique latine.

Même si von Hayek prétendait que l'essentiel n'était pas de convertir des politiciens à la vision néo-libérale mais plutôt de changer radicalement le climat d'idées dans lequel ces mêmes politiciens opèrent, on peut néanmoins constater la présence - au sein de la *Société du Mont-Pèlerin* et de l'*IEA*, dès leur création - de politiciens souvent (mais pas toujours) issus de la droite conservatrice et à la recherche d'armes symboliques intellectuellement légitimées dans leur bataille contre l'ordre établi pendant la période du consensus. Ainsi, plusieurs membres de la garde rapprochée de Margaret Thatcher dans les années quatre-vingt avaient affûté leurs arguments dans les séminaires de ces deux *think tanks*. C'est le cas de Geoffrey Howe, qui fréquentait ceux de l'*IEA* dans les années soixante et qui fut longtemps un proche de Margaret Thatcher, occupant le poste de *Foreign Secretary* à partir de 1983, avant de rompre spectaculairement avec elle à la fin des années quatre-vingt. C'est également le cas du mentor intellectuel de Margaret Thatcher, Keith Joseph, qui, plus que tout autre politicien, contribua à donner du muscle au message des thatchériens. Dans la liste des politiciens conservateurs de premier plan qui doivent une partie de leurs bagages théoriques aux séminaires et aux publications de l'*IEA*, on pourrait aussi citer celui qui aurait pu devenir le dirigeant charismatique de la nouvelle droite britannique, s'il avait su attendre le bon moment et surtout s'il avait su éviter les sujets disqualifiants comme l'immigration. Il s'agit d'Enoch Powell, figure historique de la droite britannique, qui dès le début des années soixante s'était vivement intéressé aux activités de la *Société du Mont-Pèlerin* et de l'*IEA*, écrivant même en 1960 un pamphlet intitulé *Saving in a Free Society* sous l'égide de ce dernier.

Pour l'essentiel, l'*IEA* réussit à éviter les pièges de l'extrémisme de droite, centrant ses publications sur des questions économiques et laissant le terrain des luttes identitaires et des croisades moralistes à d'autres. Que les animateurs des réseaux néo-libéraux aient ressenti, en privé, une forte sympathie pour certains thèmes de l'extrême droite est fort probable (et confirmé par certains "dérapages" de personnalités liées au néo-libéralisme). C'est en ce sens cependant que toute comparaison avec des officines telles que le *Club de l'Horloge* en France est inopérante. Le virage raciste d'un Enoch Powell, par exemple, à la fin des années soixante, lorsqu'il exhorta ses concitoyens à lutter contre "l'invasion" immigrée, le conduisit directement dans le désert politique et le priva du rôle qui aurait dû lui revenir dans la conduite de la révolution néo-libérale. Relativement isolé dans son parti (malgré le soutien de ceux qui constitueront plus tard la base parlementaire du thatchérisme) et fortement critiqué dans les médias, Powell prit la porte du Parti conservateur en 1974, juste avant le changement de direction et l'arrivée de Margaret Thatcher aux postes de commande, pour finir sa carrière politique dans un parti protestant d'Irlande du Nord à la périphérie, dans tous les sens du terme, de la vie politique britannique.

Pour les néo-libéraux regroupés autour de l'*IEA*, et surtout pour le groupe restreint qui dirigeait le *think tank*, l'essentiel était ailleurs : en véritables révolutionnaires, c'est l'ensemble de la société britannique qu'ils souhaitaient transformer à partir de ses bases économiques. Et très rapidement ils ont appris à faire la distinction entre les contradictions principales et secondaires. Les 3 millions de mots publiés par l'*IEA* pendant sa période de montée en puissance entre 1957 et 1977 (selon le document publié pour fêter ses vingt ans), portaient sur la politique économique keynésienne et ses apories, sur la priorité à accorder à une monnaie forte et des finances publiques "saines", sur les errements inévitables de l'État providence, sur la nécessité de "réduire l'État", sur l'inflation des privilèges syndicaux et sur les abus de pouvoir des "barons" ouvriers, sur les insuffisances et les lourdeurs du secteur public, sur les solutions de marché dans tous les domaines de la vie économique et sociale. Deux cent cinquante auteurs, pour la plupart universitaires, ont ainsi contribué à la construction de ce que l'on appelle aujourd'hui en France la "pensée unique". Parmi tant d'auteurs, il y en avait, bien sûr, qui n'étaient pas, ou pas encore, des défenseurs du marché.

En effet, bénéficiant, comme beaucoup de ses successeurs dans le monde des *think tanks* anglo-saxons d'un statut fiscal privilégié (en tant qu'*institution charitable*) qui lui interdisait explicitement de faire du prosélytisme politique, l'*IEA* fut contraint à un certain "pluralisme". Même si Arthur Seldon admettait volontiers que l'objectif de son travail d'édition était de "briser la domination du parti travailliste sur la classe ouvrière et de détruire à jamais le socialisme", lui ou son partenaire Harris intentèrent volontiers des procès à quiconque leur prêtait des objectifs politiques (quatre procès entre 1957 et 1977). Il se targuèrent de faire appel à des auteurs de "toutes opinions", mais un rapide survol de l'ensemble des publications de l'*IEA* confirme que la tendance lourde va dans un sens unique : si on fait appel à un syndicaliste c'est pour qu'il attaque les comportements extrémistes de ses camarades, et si on accueille un politicien travailliste, c'est pour qu'il puisse dénoncer la dérive totalitaire de son parti. S'il y a pluralisme, il est surtout de façade, offrant des choix économiques ou politiques et ouvrant le débat seulement *à l'intérieur de l'espace néo-libéral.* Margaret Thatcher ne se trompa pas lorsqu'en 1979 elle annoblit Ralph Harris, le directeur de l'*IEA*. Le tout nouveau Lord Harris avait été dès le début "*one of us*", fidèle parmi les fidèles du thatchérisme avant la lettre, évangéliste néo-libéral de premier ordre.

UN OBJECTIF STRATÉGIQUE PRIORITAIRE : RENVERSER L'ORDRE KEYNÉSIEN

Entre 1957, date de sa première publication (deux ans après la fondation de l'institut) et 1975, date de la prise de pouvoir de Margaret Thatcher au Parti conservateur, ce *think tank* laboura le terrain de la critique radicale du consensus keynésien, de l'État providence et de l'économie mixte. Les deux intellectuels "permanents" du *think tank,* Arthur Seldon et Ralph Harris avaient leur propre réseau universitaire national de sympathisants à la cause libérale qui s'ajoutait aux contacts internationaux fournis par le biais de *la Société du Mont-Pèlerin.* Ainsi, Seldon avait encore ses entrées à la *London School of Economics,* lieu de sa première rencontre avec von Hayek, où Seldon occupa des fonctions pédagogiques jusqu'en 1966, et où le libéralisme économique avait toujours de solides bases; Harris était un ancien de Queen's College, à l'université de Cambridge, et avait enseigné pendant sept ans dans la très conservatrice université écossaise de St Andrews (une véritable pépinière pour la jeune génération de néo-libéraux à partir de la fin des années soixante). On trouvera de nombreux représentants de ces institutions parmi les auteurs des publications de l'*IEA*. Dans un premier temps, il s'agissait de fournir un lieu de publication aux néo-libéraux (et à tous ceux qui étaient prêts à contester tel ou tel aspect du consensus économique et social à partir d'une position de droite) et un lieu de vulgarisation des recherches d'intellectuels internationaux de renom (von Hayek, Friedman, etc.). Plus tard, l'*IEA* commença à cibler certains publics, organisant réceptions et séminaires en direction des universitaires, des journalistes et des milieux d'affaires.

D'emblée, l'ambition de l'*IEA* fut de produire un ensemble de textes relativement courts couvrant des aspects particuliers de la politique économique et sociale et écrits par des spécialistes pour un large public de formation universitaire, plus particulièrement étudiants et enseignants. Il s'agissait de battre en brèche l'influence diffuse du keynésianisme régnant et, à partir de la fin des années soixante, du marxisme universitaire qui connaissait un certain succès. Plus précisément, il s'agissait de concurrencer les pamphlets produits par la *Fabian Society*, *think tank* vieillissant de la social-démocratie britannique, fondé en 1884 et très influencé par les idées dirigistes de Sidney et Beatrice Webb. Ses courts pamphlets, de contenu plus ou moins didactique, étaient lus par des étudiants s'intéressant aux questions économiques et sociales.

L'*Institute of Economic Affairs*

Fondé en 1955, l'*Institute of Economic Affairs* ne commença à fonctionner effectivement qu'à partir de 1957. Directement inspiré par la *Société du Mont-Pèlerin*, avec laquelle il entretient des rapports fraternels, l'*IEA* se présente comme une institution de recherche indépendante des partis politiques.

Ralph Harris, qui fut longtemps directeur de l'*IEA* fut annobli par Margaret Thatcher dès 1979. Très influent dans les années soixante et soixante-dix, surtout auprès de la droite conservatrice, l'*IEA* mena un travail de formation intellectuelle parmi les jeunes radicaux conservateurs, dont certains devaient plus tard former la garde prétorienne de Margaret Thatcher.

Comparé à ses homologues américains, l'*IEA* a un train de vie plutôt modeste, avec un personnel permanent restreint (l'*IEA* a fonctionné pendant de longues années avec seulement deux administrateurs permanents tandis que l'*Heritage Foundation* emploie actuellement 150 personnes). Il a néanmoins un réseau important de collaborateurs, surtout universitaires, ce qui lui permet de maintenir depuis trente ans un volume annuel considérable de publications (petits livres et pamphlets rédigés par des spécialistes dans un langage accessible). Chantre de l'économie libérale, l'*IEA* fut le premier au Royaume-Uni à vulgariser les théories de von Hayek et de Friedman. Arthur Seldon, le compagnon de route d'Harris et co-administrateur du *think tank* dans les premières années de son existence, se servit des publications de l'*IEA* et de l'espace offert par des journalistes sympathisants de la cause néo-libérale pour développer, à partir des années soixante, une critique radicale de l'Etat providence britannique.

L'influence de l'*IEA* se fait sentir autant par son puissant réseau de relais journalistiques et ses séminaires-déjeuners mondains que par ses publications. Dans les "*Hobart lunches*", où l'on débat des dernières publications de l'*Institute*, se côtoient économistes de la City, journalistes des principaux quotidiens britanniques, politiciens et universitaires.

La référence au fabianisme est récurrente dans la littérature de l'*IEA*. Les néo-libéraux britanniques reconnaissaient aux intellectuels sociaux-démocrates liés à la *Fabian Society* une influence considérable dans le développement et la propagation d'idées socialistes et interventionnistes et surtout dans la création et l'entretien d'une véritable culture de gauche dans les milieux intellectuels de Grande-Bretagne. Leur ambition était en quelque sorte de devenir une *Fabian Society* libérale.

Basé dans un quartier central de Londres, à proximité du Parlement et de la City, l'*IEA*, développa une stratégie de *lobbying* qui devait servir de modèle à d'autres *think tanks* anglais et américains pendant les années quatre-vingt et quatre-vingt-dix. Lors de la publication d'un pamphlet ou tout simplement pour lancer un débat autour d'un thème donné, il organisait (et organise encore) une réception dans ses locaux où étaient invitées des personnalités du monde économique, journalistique et politique. Véritable travail de fourmis, relayé sur le plan international par les activités plus prestigieuses de la *Société du Mont-Pèlerin*, la démarche des dirigeants du *think tank* se révéla très fructueuse. Il faut dire qu'ils bénéficiaient dès le départ, et malgré la modestie initiale de leurs moyens, d'atouts non-négligeables.

D'abord, même au milieu des "trente glorieuses", existait, en Grande-Bretagne comme ailleurs, un courant libéral minoritaire fortement opposé aux compromis obligés de l'État-providence et de la gestion tripartite (l'intégration des syndicats dans des structures permanentes de discussion et de négociation, ainsi que de prise de décision, avec les représentants de l'État et du patronat). Il s'agissait donc d'organiser le courant contestataire en maintenant le contact entre ses différents acteurs, et de développer une certaine cohérence théorique en évitant des dérives thématiques marginalisantes (comme celle de Powell à la fin des années soixante). Sur la scène politique britannique, ce courant était surtout représenté au sein du Parti conservateur (y compris dans ses échelons les plus élevés), et malgré ses proclamations de neutralité politique, l'*IEA* axait son travail surtout dans cette direction. L'institut encourageait des politiciens déjà expérimentés mais relativement isolés dans leur parti, et formait une jeune génération de conservateurs radicaux mécontents de la "voie moyenne" adoptée sous l'impulsion de Butler et de MacMillan, leur permettant ainsi de garder le cap et d'affûter leurs arguments pendant les années de vaches maigres. En même temps, les activités "sociales" du *think tank* consolidaient un réseau d'influence et d'entraide, sur le plan de la production théorique, qui, le jour venu, put fonctionner à plein rendement.

En cultivant les contacts avec des sympathisants de la cause libérale dans le monde des médias - contacts facilités par la forte concentration géographique des journaux britanniques de l'époque à Fleet Street dans le centre de Londres - l'*IEA* put garantir des débouchés médiatiques pour ses publications et, plus généralement, pour ses idées, qui étaient sans commune mesure avec la représentativité de leurs auteurs. Dans un premier temps, il s'agissait surtout de courtiser le très conservateur *Daily Telegraph*, dont un des rédacteurs, Maurice Green, était un proche de l'*IEA* et ouvrait assez volontiers les colonnes de son journal aux scribes permanents de la maison. Ainsi, à la fin des années soixante, Arthur Seldon put, à lui seul, fournir une quarantaine d'articles au *Daily Telegraph* et au *Sunday Telegraph*, portant sur des sujets économiques, défendant sa vision ultra-libérale et développant surtout sa critique radicale des institutions de l'État providence. Par ce biais, les idées fortement minoritaires des croisés du marché gagnaient en respectabilité, avant même que la crise économique et sociale du début des années soixante-dix leur offre de nouvelles perspectives.

Restait le monde des affaires, qui lui aussi était encore jusqu'au début des années soixante-dix très largement dominé par des idées "consensualistes", et qui pour des raisons de pragmatisme politique préférait en général une stratégie d'intégration des syndicats (le fameux "corporatisme" des années keynésiennes) à la politique de confrontation directe de plus en plus préconisée par les libéraux. Ainsi, dans les années soixante, certains patrons britanniques encouragèrent activement l'implantation syndicale dans leurs entreprises. Une majorité des accords de monopole syndical d'embauche, le *closed shop* (obligation d'être syndiqué pour être embauché, pratique aux conséquences très ambiguës pour le mouvement syndical et qui fut interdite de fait sous Margaret Thatcher), furent conclus *à l'initiative de la partie patronale*, qui voyait dans ce compromis avec les organisations syndicales "responsables" un moyen d'assurer la paix sociale de l'entreprise et de marginaliser les mouvements revendicatifs extra-syndicaux menés par les *shop-stewards* (délégués d'atelier), très puissants à l'époque. Ce fut la contribution patronale au "corporatisme" tant dénoncé par la gauche marxiste et par les libéraux.

Il a donc fallu un long travail pour convaincre le patronat britannique des méfaits du consensus social-démocrate et des bienfaits de la "liberté économique sans entraves". Peu nombreux étaient ceux, parmi les employeurs britanniques de l'époque, qui souhaitaient prendre le risque de s'opposer frontalement à un mouvement syndical numériquement puissant et bien introduit à tous les échelons de la prise de décision dans l'État social-démocrate. *Aims of Industry*, la seule organisation patronale qui, pendant la période du consensus, préconisa le retrait total de l'État et un retour au "libre jeu des mécanismes du marché", fonctionnait comme une minorité agissante, tandis que la *Federation of British Industry* (devenue la *Confederation of British Industry* en 1965, et l'équivalent du CNPF français) jouait le jeu du compromis social dans le cadre d'une économie mixte.

L'*IEA* ciblait surtout les milieux financiers, d'abord parce qu'ils étaient très représentés à Londres mais surtout parce qu'ils étaient moins perméables au discours consensuel sur le nécessaire dialogue social avec les syndicats, n'ayant pas de responsabilité directe dans la gestion des rapports sociaux de production. Ce n'est que plus tard, une fois la révolution thatchérienne en marche, que des industriels néo-libéraux firent leur percée et se dotèrent de leur organisation propre, l'*Institute of Directors*.

Au début des années soixante-dix, et malgré une activité et une renommée grandissantes, l'*IEA* était encore très largement une entreprise intellectuelle dont les effets restaient confinés à un cercle relativement restreint. Les tout premiers signes d'une influence directement politique de l'activité de l'*IEA* datent tout de même de cette époque : ainsi le premier (et éphémère) virage libéral du Parti conservateur exprimé dans le radicalisme de son programme électoral pour les législatives de 1970 (dit le *Selsdon Programme*, d'après le nom de l'hôtel londonien où le programme avait été élaboré) pouvait être, au moins partiellement, imputé à l'impact de l'*IEA*. La critique de l'interventionnisme étatique dans le domaine économique développée par Edward Heath, la promesse de ne plus accorder de subventions aux entreprises "non-rentables" en difficulté (les "canards boiteux"), les premières propositions de privatisation de certaines entreprises publiques, et surtout l'arsenal juridique nouveau destiné à museler le mouvement syndical, étaient autant de signes de la respectabilité croissante de la vision libérale, dont les porte-parole les plus persuasifs et les plus écoutés étaient liés à l'*IEA*.

Mais il a fallu la crise des années soixante-dix, la plongée dans une récession apparemment inguérissable, le fiasco de la politique économique et sociale du gouvernement de Heath et sa défaite finale, dans la rue, sous les coups du *National Union of Mineworkers* en 1974 pour que les solutions radicales préconisées par les néo-libéraux trouvent une audience jusque-là inespérée. Il est certain que sans cette crise dite de "gouvernabilité" de la société britannique, la révolution thatchérienne n'aurait pas pu prendre son essor, mais il est tout aussi certain que le thatchérisme n'aurait pas pu s'imposer comme nouveau sens commun de l'élite britannique sans le long et patient travail de préparation théorique des intellectuels associés à l'*Institute of Economic Affairs*.

Pour ceux-là et tous ceux (et ils étaient nombreux) qui ralllièrent la cause néo-libérale dans sa phase ascendante, les années soixante-dix furent des années héroïques ou tout enfin devenait possible. Isolés pendant la période du consensus keynésien ils furent assurés désormais de l'écoute grandissante de l'élite intellectuelle et économique. Ils jouèrent un rôle déterminant pendant cette décennie qui vit la transformation de la vie politique britannique, et l'émergence d'un nouveau conservatisme plus combatif et plus idéologique (plus conforme aussi aux visées stratégiques des agitateurs intellectuels de l'*IEA* et de la *Société du Mont-Pèlerin*), doté désormais d'une vision révolutionnaire de transformation économique et sociale de la société britannique. On aurait tort de sous-estimer la profondeur et la résonance des changements qui eurent lieu en Grande-Bretagne pendant ces années-là : à beaucoup d'égards ils préfigurent les changements économiques et politiques qui devaient secouer l'ensemble des pays industrialisés ou en voie de l'être au cours des années quatre-vingt et quatre-vingt-dix.

2

Les *think tanks* et la crise du keynésianisme

Si les intellectuels liés à l'*Institute of Economic Affairs* ont très largement contribué à diaboliser Keynes et à vilipender sa contribution à la pensée économique, un aspect de sa réflexion trouve néanmoins grâce à leurs yeux. Il s'agit du rôle qu'il attribue aux intellectuels dans la construction d'un climat d'idées propice au changement politique. On trouve ainsi, affichée sur le mur du bureau de l'*Institute of Economic Affairs* et maintes fois réitérée dans les écrits des néo-libéraux combattants, la citation suivante, tirée de la conclusion de la *Théorie générale* : « Les hommes d'action qui se croient parfaitement affranchis des influences doctrinales sont d'ordinaire les esclaves de quelque économiste passé. Les visionnaires influents, qui entendent des voix dans le ciel, distillent des utopies nées quelques années plus tôt dans le cerveau de quelque écrivailleur de faculté. »[8]

Position également soutenue par von Hayek lui-même, qui écrivait en 1977, trois ans après avoir reçu le prix Nobel d'économie, dans une publication qui célébrait les vingt ans d'existence de l'*IEA* : « J'ai toujours été convaincu que si nous voulons garder notre liberté économique et politique, nous devons diriger nos efforts vers la conversion des intellectuels en tant que faiseurs

8. John Maynard Keynes, *La théorie générale de l'emploi, de l'intérêt et de la monnaie* (1936), Paris, Payot, 1975, p. 376.

d'opinion. »[9] C'est cette conviction qui a soutenu les efforts des néo-libéraux pendant le quart de siècle où l'opinion publique et le climat des idées leur étaient défavorables.

Le travail de conversion intellectuelle qui restait à faire par les hérauts du marché en Grande-Bretagne était considérable et pas seulement pour des raisons liées à la conjoncture économique et politique des années cinquante et soixante. En effet, la tradition intellectuelle britannique et la *high culture*, dont les universités de Cambridge et d'Oxford furent les centres, avaient été, pour des raisons historiques, peu perméables aux valeurs capitalistes proclamées par les nouveaux (ou anciens) libéraux. Même si von Hayek voulait voir dans le dix-neuvième siècle anglais une société dans laquelle l'élite avait compris la très haute valeur du libéralisme économique et donc la fonction irremplaçable du marché, il faut quand même rappeler qu'il s'agit là très largement de la reconstruction imaginaire d'une Angleterre qui n'a jamais existé. Au contraire, comme le chercheur conservateur américain Martin J. Wiener l'a démontré il y a quelques années dans son ouvrage, *English Culture and the Decline of the Industrial Spirit*, la très grande majorité des intellectuels britanniques, ainsi que de larges couches de la bourgeoisie et de la petite bourgeoisie, de la période romantique jusqu'à une période très récente, étaient au mieux réticentes et au pire franchement hostiles aux valeurs du capitalisme industriel. Pour Wiener, « La méfiance envers le développement matériel et technologique et l'exclusion symbolique de l'industrialisme étaient intimement liées en Grande-Bretagne. Elles apparurent au cours de la révolution industrielle, mais, au lieu de s'étioler au fur et à mesure que la nouvelle société

9. Friedrich von Hayek, *20 Years of Economic Dissent*, Londres, The Institute of Economic Affairs, 1977, p. 15.

s'établissait, elles subsistèrent et se renforcèrent. Vers la fin du règne de Victoria elles constituèrent un syndrome culturel complexe avec ses ramifications dans tous les milieux intellectuels. »[10]

Ainsi, dans la production poétique et romanesque des XIXe et XXe siècles, mais aussi dans bien d'autres domaines de la pensée, Wiener décèle une longue tradition britannique de soupçon intellectuel envers l'économie de marché et ses valeurs. Wiener nous rappelle la diabolisation de l'industrie chez le poète romantique William Blake, et évoque les "*dark satanic mills*" d'un de ses poèmes qui devait devenir un cantique très populaire. Il cite philosophes et écrivains du XIXe siècle - J.-S. Mill, Charles Dickens, Mathew Arnold, John Ruskin, mais aussi artistes, philosophes et économistes du XXe siècle - E.M. Forster, G.K. Chesterton, Alfred Marshall et J.-M. Keynes - qu'il considère tous comme mus par une même méfiance.

Wiener rappelle également les paradoxes et ambiguïtés de la bourgeoisie industrielle britannique. Singeant l'aristocratie terrienne sur le plan des bonnes manières autant que sur celui du choix de résidence ou de l'éducation des enfants, les industriels britanniques, dès le milieu du XIXe siècle et en pleine ascension politique, s'imbriquèrent dans les anciennes couches dirigeantes, et ont adopté les mêmes valeurs patriciennes et ruralistes. Ils envoyaient leurs enfants dans les *public schools*, où ces derniers non seulement côtoyaient les enfants des familles aristocratiques mais apprenaient également à prendre une distance critique par rapport à l'activité commerciale ou industrielle de leurs pères et à cultiver le dédain amusé et l'amateurisme en toutes choses. D'où le paradoxe, maintes fois sou-

10. Martin J. Wiener, *English Culture and the Decline of the Industrial Spirit 1850-1980*, Harmondsworth, Penguin, 1985, p. 5.

ligné par les historiens de la Grande-Bretagne, d'une bourgeoisie moderne sans idéologie bourgeoise, et d'un capitalisme longtemps triomphant sur le plan international sans intellectuels pro-capitalistes.

Il s'agissait donc pour les néo-libéraux de l'après-guerre de bien plus qu'un simple retournement de la situation créée par le triomphe du keynésianisme : il fallait une véritable révolution intellectuelle, le retournement d'une situation en fait vieille d'un siècle et demi.

Si von Hayek et Keynes ont sans doute raison de souligner le rôle primordial, bien qu'indirect, joué par les idées et par ceux qui les véhiculent dans la vie politique, il n'y a bien évidemment pas de relation de simple cause à effet entre l'énonciation d'une idée, voire son adoption ultérieure par un nombre significatif de "faiseurs d'opinion", et sa mise en œuvre politique. Il s'agit de créer les conditions intellectuelles pour qu'une idée puisse devenir une force politique, mais une fois ce travail préalable fait, le travail du champ politique à proprement parler reste encore à faire. Si, qui plus est, il s'agit d'une idée dont les conséquences entraîneraient une modification profonde du paysage économique et politique, un changement révolutionnaire de paradigme, il faut qu'une conjoncture assez exceptionnelle s'y prête, pour que le personnel politique, conservateur de nature, accepte de modifier en profondeur ses modes de pensée et d'action. On peut penser que si les réseaux d'influence néo-libéraux, et en premier lieu les *think tanks*, ont pu avoir l'impact qu'ils ont eu en Grande-Bretagne à partir d'une base logistique relativement restreinte (par rapport à leurs homologues américains, par exemple), c'est justement parce qu'ils ont pu intervenir dans une période de grande incertitude, de crise de confiance dans les paradigmes traditionnels de gestion du pays.

On illustrera cette idée, *a contrario*, par un petit exemple tiré de l'histoire britannique de l'après-guerre qui voit la toute première tentative de retournement de la situation politique dans le sens espéré (et réalisé plus tard) par les néo-libéraux. En effet, en 1958, un certain nombre de dirigeants conservateurs, et parmi eux des responsables gouvernementaux de premier plan, se crurent assez forts pour marquer leur opposition à la dérive interventionniste qu'ils croyaient déceler dans la pratique gouvernementale de leur propre parti. Il s'agissait de s'opposer à la politique de conciliation et de compromis économique et social préconisée par le Premier ministre d'alors, Harold MacMillan, protagoniste le plus éminent du virage keynésien de la direction conservatrice d'après-guerre. Autour de Peter Thorneycroft, alors chancelier de l'Echiquier, et avec l'appui de l'institut de recherche rattaché au Parti conservateur et à l'époque assez marqué à droite (les chercheurs du *Conservative Research Department* entretenaient de bons rapports avec le jeune *Institute of Economic Affairs*), ces radicaux (parmi lesquels se trouvait déjà Enoch Powell) menèrent bataille en faveur d'une baisse des dépenses publiques - bataille qu'ils perdirent, dans leur parti comme dans le pays, et qui conduisit à leur démission du gouvernement. Le moment n'était pas encore propice à un affrontement avec l'un des fondements économiques du consensus keynésien, le maintien d'un niveau élevé de dépenses publiques pour assurer la consolidation et le développement de l'État-providence. Un marché de l'emploi plutôt florissant, une inflation plutôt bien maîtrisée, le développement inédit de la consommation de masse, accompagnés d'un sentiment général de réussite de la politique gouvernementale keynésienne (ou d'impossibilité intellectuelle d'en envisager une autre), jouèrent fortement contre toute mise en cause de l'orthodoxie régnante.

Quinze ans plus tard, la situation économique britannique s'étant spectaculairement dégradée, le problème se posa dans des termes radicalement différents.

LES NÉO-LIBÉRAUX ET LA CRISE BRITANNIQUE

A la fin des années soixante, on peut déceler les premiers signes de ce qui devait devenir une crise profonde de la société britannique. La dévaluation de la livre sterling en 1967 par un gouvernement travailliste incapable de venir à bout d'un déficit de la balance des paiements devenu chronique, les tensions grandissantes au sein des entreprises entre directions et syndicats et plus généralement les difficultés croissantes de gestion, évoquées sous le terme médiatique du "mal britannique", les constats et prévisions extrêmement pessimistes concernant les performances de l'économie britannique par rapport à ses principales rivales internationales venaient confirmer une impression générale de déclin post-impérial.

Si la crise prenait sans doute ses racines dans la détérioration accélérée de la situation économique et l'émergence de ce que les économistes appelaient à l'époque la "*stagflation*" - combinaison inédite de récession économique et d'inflation galopante - elle tendait rapidement à englober tous les aspects de la vie sociale et politique pour prendre une véritable ampleur sociétale.

Dans les entreprises et dans la rue, les conflits sociaux s'aiguisèrent, avec de forts mouvements revendicatifs. Le nombre de jours perdus pour faits de grèves augmenta vertigineusement dans les dernières années de la décennie et la tendance se confirma au début des années soixante-dix (on passa d'une moyenne annuelle de 184 jours de travail perdus pour 1000 employés entre 1963 et 1967 à une moyenne annuelle de 968 jours entre 1968 et 1972 (les chiffres français pour les mêmes périodes étant de 364 et de 277)[11]. Les grèves portaient sur les salaires, rognés par l'inflation, mais dès l'élection des conservateurs en 1970, elles visèrent également la politique économique gouvernementale et sa stratégie anti-syndicale. Déjà les syndicats avaient donné un premier avertissement au gouvernement travailliste qui, en 1969, envisagea, dans un livre blanc, "d'améliorer" les relations industrielles en imposant des limites juridiques à l'activité syndicale (avec l'introduction, par exemple, d'une période de médiation obligatoire avant certaines formes de grèves). Étant donnés les liens (historiques, organisationnels et financiers) entre le Parti travailliste et les syndicats, la pression immédiate de la direction du *Trades Union Congress* (confédération syndicale britannique) fut suffisante pour que le gouvernement renonce à son projet. Deux ans plus tard, la désobéissance civique devint une arme de lutte syndicale lorsque les directions syndicales appelèrent au boycott des nouveaux tribunaux industriels mis en place par la loi de 1971 sur les relations industrielles et dont l'objectif clairement annoncé par le pouvoir, désormais conservateur, était de contenir et contrecarrer la puissance syndicale.

La presse "populaire", très largement dominée par la droite, et une partie de la presse dite "de qualité" réagirent au nouveau radicalisme du mouvement syndical en criant au non-respect de la loi et des institutions démocratiques. On vit émerger l'idée de "l'ingouvernabilité" d'une Grande-Bretagne dans laquelle même les syndicats contribueraient au travail de déstabilisation de la société. Tout était bon d'ailleurs, pendant ces années-là, pour étayer à longueur de page cette thèse de l'ingouvernabilité, dans ce

11. Henk Overbeek, *Global Capitalism and National Decline. The Thatcher Decade in Perspective*, Londres, Unwin Hyman, 1990, p. 125.

que l'on n'appelait pas encore les *tabloids* mais aussi et de plus en plus dans le reste de la presse : de la guerre civile naissante en Irlande du Nord à la délinquance urbaine, de l'agitation estudiantine au hooliganisme footballistique, sans oublier le réveil nationaliste sur la périphérie écossaise et galloise, tout était désormais signe d'une évolution vers l'anarchie.

Les quatre ans de gouvernement conservateur furent un moment essentiel dans l'évolution de cette crise vers ce qui devait être la rupture thatchérienne. Ils furent vécus comme un échec humiliant par les principaux protagonistes du côté conservateur. Sur le plan économique, ils furent marqués par les chocs pétroliers qui vinrent aggraver une situation déjà sérieusement détériorée et, paradoxalement, raviver les tensions dans l'industrie du charbon où les mineurs comptaient profiter de la compétitivité retrouvée de l'anthracite pour avancer leurs propres revendications, surtout salariales. Sur le plan politique, ces années furent vécues par le gouvernement comme une série de défaites infligées par un mouvement ouvrier qui n'avait jamais été aussi puissant, du moins sur le plan numérique. En effet, plus la crise stagflationniste rognait le pouvoir d'achat des salariés et le chômage reprenait massivement, plus le mouvement syndical se renforçait (surtout parmi les employés, les techniciens et les cadres) et adoptait des formes d'action largement empruntées au radicalisme du *shop stewards' movement*. En moins de deux ans, la nouvelle politique de rigueur et de retrait de l'État, annoncée virilement pendant la campagne électorale, avait été mise en pièces, surtout par la résistance syndicale (avec, par exemple, la très longue et populaire occupation d'un chantier naval écossais, les Upper Clyde Shipbuilders menacés de fermeture, qui s'acheva par une intervention de l'État pour renflouer l'entreprise).

Après l'effondrement de sa politique de non-assistance aux entreprises en difficulté, Heath fit, en 1972, un virage à 180 degrés et renoua avec la tradition keynésienne de *stop-go* en adoptant une politique de relance et d'intervention résolue de l'État dans l'économie. Désormais, sa gestion fut marquée du sceau des compromis et des reculades successives. Les promesses selon lesquelles le nouveau gouvernement ferait la chasse aux "canards boiteux", relancerait l'esprit d'entreprise et ferait courber l'échine aux syndicats furent jetées aux oubliettes. Deux ans plus tard le gouvernement subit une défaite historique lors d'un affrontement direct entre le gouvernement et le syndicat des mineurs, qui réclamait une augmentation de salaires qui aurait fait voler en éclats la politique des revenus décidée par le gouvernement et approuvée par le Parlement. Heath décida en pleine grève des mineurs (la deuxième en deux ans) d'appeler à des élections anticipées, misant sur l'impopularité apparente d'un mouvement qui perturbait l'activité économique du pays et, par les coupures d'électricité qu'il entraînait, la vie des foyers. Il mena campagne sur le thème de la gouvernabilité, demandant aux électeurs de choisir entre la démocratie et le "règne de la rue". Dans les élections qui suivirent Heath perdit son pari et son poste de Premier ministre, et ce faisant ouvrit une crise de direction grave au sein de son parti. Il va sans dire que sa défaite fut acclamée comme une victoire de l'action ouvrière par les syndicats.

Les élections de février 1974 marquèrent non seulement la défaite des conservateurs mais aussi les débuts d'une phase de forte instabilité politique dans l'ensemble du Royaume-Uni. Non seulement l'émergence des partis nationalistes écossais et gallois et la résurgence du Parti libéral mettaient sérieusement en cause le bi-partisme traditionnel de la vie politique britannique, mais les "troubles" en Irlande du Nord venaient confirmer une impression générale de crise "constitutionnelle" (l'introduction de l'internement sans procès pour les paramilitaires et la suspension de l'activité du Parlement et du gouvernement de cette région jusque-là semi-autonome n'avaient pas permis d'arrêter le processus de guerre civile, bien au contraire).

La première défaite électorale conservatrice de février 1974 fut confirmée quelques mois plus tard lorsque, en octobre, le nouveau Premier ministre travailliste, Harold Wilson, dans un geste historiquement inédit, qui sans doute contribua à alourdir le climat politique, appela les électeurs aux urnes, pour la deuxième fois en un an, pour tenter de consolider sa maigre majorité relative au Parlement. C'est dans cette phase d'incertitude et d'instabilité politiques, sur fond de difficultés économiques croissantes, que la stratégie des activistes intellectuels néo-libéraux a pu s'épanouir. Devant l'inadéquation manifeste des solutions politiques traditionnelles à la crise économique, la radicalité des néo-libéraux devenait un véritable atout. Il fallait une politique neuve, sortant des sentiers battus, à la hauteur d'une situation de crise maintenant perçue de tous, à l'intérieur comme à l'extérieur du pays (on se rappellera le fameux éditorial du *Wall Street Journal*, du 29 avril 1975, intitulé "*Goodbye Great Britain*").

A gauche, on se mit à construire, sur les marges du Parti travailliste, une politique économique alternative (*the Alternative Economic Strategy*) qui préconisait une rupture avec le consensus keynésien. Economistes radicaux (tels que Bob Rowthorn de l'Université de Cambridge) et militants syndicaux débattaient d'une alternative économique et politique, et pour la première fois depuis la guerre les propositions provenant de la gauche du mouvement ouvrier rencontraient un écho favorable, jusqu'aux échelons élevés des syndicats et du Parti travailliste. La radicalisation de la gauche travailliste était en quelque sorte le pendant de la transformation en cours du Parti conservateur, et reflétait la crise désormais générale du keynésianisme. L'heure était aux ruptures radicales. Des dirigeants de la gauche travailliste, tels Tony Benn, soutenus par un nombre grandissant de militants, préconisaient un retrait immédiat du Marché commun, une extension massive du secteur public, l'introduction du contrôle ouvrier dans les entreprises nationalisées, l'abolition de la monarchie et du secteur privé de l'enseignement secondaire, les fameuses *public schools*, lieux de reproduction de l'élite britannique depuis plus d'un siècle... Ce fut, d'ailleurs, l'influence grandissante de la gauche travailliste (et la victoire de Margaret Thatcher) qui conduisit à la crise interne du Parti travailliste à la fin des années soixante-dix et à la première scission importante de son histoire (avec la création du Parti social-démocrate en 1981).

A droite, certains thèmes développés de longue date dans les séminaires de la *Société du Mont-Pèlerin* et dans les publications de l'*IEA* (sur la primauté de la lutte contre l'inflation, sur le caractère erroné et utopique de toute politique visant le plein emploi, sur la surpuissance syndicale, sur le caractère destructeur de l'intervention étatique dans les domaines économique et social, etc.) trouvaient une nouvelle résonance avec l'aggravation de la crise. Von Hayek avait prédit dès 1944 de bien sombres lendemains à la politique interventionniste, ce qui, pour un nombre croissant d'observateurs, semblait être confirmé par la sombre réalité de la Grande-Bretagne d'alors.

Non seulement la politique keynésienne de gestion étatique de la demande ne semblait plus apporter de solutions aux problèmes aigus de l'économie britannique, mais elle était de plus en plus perçue, à gauche comme à droite, comme faisant partie des *causes* fondamentales de ces problèmes. Parmi les élites, la puissance syndicale, indissociable du compromis keynésien, faisait de plus en plus peur - rappelons qu'au milieu des années soixante-dix le taux de syndicalisation avait dépassé les 50% en Grande-Bretagne et frôlait les 100% dans certaines branches du secteur public - et nombreux étaient ceux, dans les journaux comme dans les directions des partis, qui rejoignaient l'analyse hayekienne du caractère intrinsèquement néfaste de l'activité syndicale. Enfin, la crise interne du Parti conservateur créa des conditions propices à une mise en cause générale de la politique de ce parti et de la modération que Heath avait paradoxalement semblé incarner, et ouvrit la voie à une transformation profonde du combat politique en Grande-Bretagne.

La première moitié des années soixante-dix fut la grande période des conversions et des reniements intellectuels au Royaume-Uni. Conversions d'anciens keynésiens, dans la presse "de qualité" comme dans les universités, qui se mirent à prêcher les nouvelles vérités hayekiennes et friedmaniennes avec tout le zèle des néophytes. Conversions d'intellectuels, longtemps considérés comme compagnons de route du Parti travailliste, qui furent pris de panique devant les expressions multiples de la puissance syndicale. Conversions de politiciens conservateurs de premier rang qui, en voyant la lumière jaillir de la crise économique et sociale, virèrent au radicalisme. Ce fut le cas, selon ses propres dires, de Keith Joseph qui, comme Margaret Thatcher d'ailleurs, avait vécu les revirements et la défaite d'Edward Heath au premier rang, puisque membre de son gouvernement. Non que Keith Joseph ou Margaret Thatcher aient été de modérés consensualistes avant leur "conversion" néo-libérale en 1974 (quoi qu'ils puissent en dire eux-mêmes) ; au contraire, ils se situaient tous deux sur l'aile droite du Parti conservateur et avaient été fortement influencés par Powell et le courant d'autoritarisme populiste qu'il représentait. Le traumatisme de la défaite infligée par les mineurs et l'éventualité d'une disparition historique du conservatisme britannique (c'était plus que pensable en 1974) les contraignirent à des révisions encore plus fondamentales et les persuadèrent de la nécessité d'une rupture radicale avec toute la tradition conservatrice d'après-guerre. L'*IEA*, avec son formidable arsenal théorique accumulé au cours des années, et son ensemble cohérent de solutions "de marché" portant l'estampe académique d'économistes mondialement reconnus, leur fournissait les moyens de penser cette rupture. Plus tard, Margaret Thatcher et Keith Joseph seront reconnaissants de l'aide intellectuelle offerte par le réseau néo-libéral pendant ces années-clés.

Il faut dire que l'*IEA* avait considérablement augmenté sa puissance d'intervention pendant cette période. Il avait diversifié ses activités en multipliant les contacts directs avec les relais d'opinion et de plus en plus de décideurs politiques : les séminaires de discussion attiraient un public de plus en plus hétérogène et à côté des militants historiques du néo-libéralisme prenaient place des journalistes keynésiens en rupture de banc, ou des politiciens travaillistes inquiets de l'évolution de leur parti vers des positions de gauche. Il avait aussi bénéficié de la respectabilité grandissante, sur le plan international, des idées néo-libérales. Vecteur traditionnel des idées de von Hayek (dont la notoriété fut notablement accrue par l'obtention du prix Nobel en 1974), l'*IEA* fut également, à partir du début des années soixante-dix, la tête de pont britannique de la "nouvelle" doctrine monétariste en provenance de Chicago.

L'*IEA* publia, en 1970, le fameux discours Wincott de Friedman, intitulé "La contre-révolution dans la théorie monétaire", dans lequel il exposa la doctrine "quantitative" de la monnaie dans sa nouvelle mouture, insistant plus particulièrement sur la nécessité de contrôler strictement l'augmentation de la masse monétaire pour contenir les tendances inflationnistes. Pour Friedman et les monétaristes l'inflation était avant tout un problème *monétaire* et devait trouver une solution dans la politique monétaire de l'État (argument qui dans la vulgate thatchérienne des années quatre-vingt fut mobilisé pour justifier les tentatives répétées de réduire les dépenses publiques, elles-mêmes présentées comme étant productrices d'augmentations indues de la masse monétaire). Par le biais de cette publication, l'*IEA* réussit à susciter un débat autour du monétarisme parmi les faiseurs d'opinion économique en Grande-Bretagne. Ses interventions auprès des hommes publics rencontrèrent un succès grandissant. Ainsi Peter Jay, journaliste économique de renom au *Times*, lié par sa famille à la direction du Parti travailliste et keynésien de longue date, fut invité et participa activement aux premiers débats sur le monétarisme organisés dans les locaux de l'*IEA*, achevant ainsi sa conversion aux théories néo-libérales, qu'il défendit ensuite dans les colonnes de son journal. Au milieu des années soixante-dix, il trouva un soutien indéfectible dans son travail d'évangélisation néo-libérale en la personne de William Rees-Mogg, rédacteur en chef du *Times* et fervent défenseur de la nouvelle doctrine économique.

L'homologue de Jay au *Financial Times*, Samuel Brittan, encore un keynésien repenti, participant assidu aux séminaires et aux déjeuners-débat de l'*IEA*, suivit le même chemin, devenant même un pamphlétaire néo-libéral. Dès 1975, Brittan énonça clairement les nouveaux termes du débat économique tels qu'il les percevait à la lumière des travaux de Friedman et tels qu'il devait les expliquer inlassablement dans les colonnes de son illustre journal :

« L'idée de base de la gestion de la demande, dans la vision orthodoxe keynésienne, est que les gouvernements ont le pouvoir de régler le chômage à un niveau déterminé politiquement, en utilisant la politique monétaire et fiscale. La plus fondamentale des propositions "monétaristes" est que les gouvernements n'ont pas ce pouvoir. Le niveau minimum soutenable de chômage est, au contraire, déterminé par le fonctionnement du marché du travail. Toute tentative de faire passer le chômage en dessous de ce niveau soutenable engendrera non seulement de l'inflation mais une accélération de l'inflation avec, au bout, l'effondrement de la monnaie »[12].

Au fur et à mesure que des journalistes dominants de la presse dite de qualité passèrent dans le camp néo-libéral un nouveau sens commun du journalisme économique se forgea : ce fut le cas, comme nous l'avons déjà vu, au *Daily Telegraph*, au *Times*, au *Financial Times*, au *Sunday Times*, où le responsable de la rubrique politique, Ronald Butt, se faisait l'écho des "nouvelles" théories, au *Daily Mail*, et même pendant un temps dans le journal de centre gauche, le *Guardian*, où le responsable de la rubrique financière, Hamish MacRae, était aussi un converti au monétarisme.

Ce nouveau sens commun néo-libéral partait d'un constat largement partagé : les politiques économique et sociale traditionnelles de l'après-guerre étaient totalement désarmées face aux problèmes de la *stagflation* d'une part et de l'intensification subite des conflits sociaux, de l'autre. Pour un nombre grandissant de commentateurs journalistiques, séduits par les sirènes néo-libérales, il fallait inverser les priorités économiques gouvernementales, en accordant la première place à la lutte contre l'inflation, et

12. Cité par William Keegan dans *Mrs Thatcher's Economic Experiment*, Harmondsworth, Penguin, 1985, p.42.

revenir à des solutions "de marché", brutales si nécessaire, pour relancer la machine économique britannique. On ne pouvait donc pas faire l'économie d'une réduction massive de la puissance défensive du mouvement syndical britannique, perçue comme une entrave à un retour au bon fonctionnement de l'économie (sinon de la société tout entière).

Sur cette question de la puissance syndicale, il y avait sans doute convergence entre la critique théorique hayekienne, popularisée par les néo-libéraux, et les réactions spontanées d'une partie considérable des journalistes de presse, dont l'expérience des syndicats se limitait souvent à leurs rapports pour le moins heurtés avec le puissant syndicat britannique du livre (qui jouissait encore à l'époque d'un monopole d'embauche dans l'industrie du livre). Tant que les syndicats, sur le plan national, avaient accepté de jouer un rôle de modérateurs sociaux dans le cadre du compromis keynésien, les réactions anti-syndicales restèrent relativement marginales parmi les couches intellectuelles britanniques. Cependant, avec l'intensification des luttes et l'utilisation de plus en plus fréquente, y compris par les directions syndicales, de pratiques plus radicales, les conditions se créèrent pour une mobilisation (et pas seulement dans la presse) contre les syndicats au nom de l'efficacité économique et de l'ordre public.

C'est également la question syndicale qui contribua à rapprocher les deux courants jusque là assez distincts de ce que l'on commençait à appeler la nouvelle droite britannique : les néo-libéraux et les néo-conservateurs [13]. Si les uns se réclamaient d'Adam Smith (ou de von Hayek), les autres

13. Pour une analyse plus développée du rapprochement entre ces deux courants, voir l'excellent livre d'Andrew Gamble, *The Free Economy and the Strong State. The Politics of Thatcherism*, Houndmills et Londres, MacMillan, 1988.

trouvaient leur inspiration dans les écrits de Hume et de Burke. Si les uns insistaient sur la nécessité de libérer les forces du marché pour guérir le mal britannique, les autres voyaient dans les multiples mises en cause des sources traditionnelles de l'autorité (la famille, la religion, l'État) les symptômes les plus inquiétants de la crise. Le thatchérisme devait être un lieu de convergence (finalement assez éphémère) de ces deux courants, et la question syndicale y joua un rôle crucial. Pour les partisans de von Hayek, les syndicats jouaient un rôle monopolistique sur le marché du travail et imposaient un prix du travail qui était loin d'être un reflet fidèle du jeu de l'offre et de la demande. En maintenant les salaires à un niveau artificiellement élevé, ils empêchaient de fonctionner les mécanismes "naturels" du marché et limitaient la nécessaire réallocation des ressources : *in fine*, en temps de crise ils entravaient la mobilité ouvrière et ils freinaient l'embauche. Ils étaient donc directement responsables du chômage. Intégrés dans tous les rouages de prise de décision de l'État-providence, protégés dans leurs activités "coercitives" (le mot est de von Hayek) par des "immunités" exorbitantes qui les mettaient au-dessus des lois, les syndicats, numériquement et organisationnellement puissants, pouvaient faire chanter tout gouvernement, quelle que soit sa couleur politique, et le contraindre à adopter, entre autres, une politique sociale toujours plus dispendieuse[14]. Ainsi, selon les néo-libéraux, s'expliquait l'engrenage fatal de toujours plus d'intervention, toujours plus de dépenses publiques. Seules des mesures draconiennes de limitation du pouvoir syndical pouvaient créer les conditions du renouveau économique par le marché. Pour les néo-conservateurs, comme Michael Oakeshott ou

14. Von Hayek résume ses idées sur la question syndicale en Grande-Bretagne dans un article publié par l'Institute of Economic Affairs, "1980s. Unemployment and the Unions", Londres, IEA, 1984.

Maurice Cowley (qui devaient former quelques années plus tard le *Salisbury Group* et fonder la *Salisbury Review* pour y développer leur vision traditionaliste d'une société britannique fortement hiérarchisée) l'agitation syndicale de ces années, l'opposition des syndicats aux décisions gouvernementales et leur occupation de l'espace de la rue, étaient vues surtout sous l'angle de l'affaiblissement de l'État britannique. Dénoncés pêle-mêle avec les républicains irlandais, les militants anti-racistes ou les "agitatrices" féministes, les syndicats étaient accusés de mettre en cause l'ordre naturel de la société britannique en empiétant sur les droits des directions d'entreprise à prendre les décisions de gestion comme bon leur semblait et en contestant l'autorité gouvernementale. Ainsi, pour les néo-conservateurs, réclamer la réduction massive du pouvoir syndical revenait à renforcer l'autorité de l'État, à contribuer au retour de l'ordre. Ces deux analyses convergentes furent mobilisées par Margaret Thatcher, à partir de la fin des années soixante-dix, lorsqu'elle entreprit le démantèlement du pouvoir syndical britannique.

Une vision de la Grande-Bretagne et de sa nécessaire transformation, qui aurait été considérée quelques années plus tôt comme politiquement impensable, fit son chemin pendant ces années de crise pour s'exprimer dans les prises de position éditoriales de la grande presse et dans les discours des dirigeants d'un des deux grands partis britanniques. Énoncée initialement dans les publications à tirage limité de l'*IEA* ou dans les cénacles d'une nouvelle droite qui hantait encore les marges de la vie politique, l'idée d'une remise en cause *globale* des fondements du compromis social-démocrate de l'après-guerre fut peu à peu rendue respectable. On sait maintenant que les idées qui furent avancées dans ce qui commença comme une bataille spécifiquement britannique prirent, au cours de la décennie suivante, des contours plus européens, pour devenir aujourd'hui les fondements mêmes d'une pensée économique et sociale internationale unique, qui s'exprime autant dans l'accord de Maastricht que dans l'*Accord multilatéral sur l'investissement*, élaboré dans le plus grand secret au sein de l'OCDE.

LE *CENTRE FOR POLICY STUDIES* (1974)

La crise ouverte au sein du Parti conservateur à la suite de la première défaite législative de Heath (en février 1974) ouvrit un espace inattendu aux radicaux. Il est cependant significatif que leurs premières activités de contestation de la tradition conservatrice de l'après-guerre, jugée irrémédiablement compromise avec la social-démocratie, furent largement orientées vers la création d'un outil à la fois politique et *intellectuel* pour mener leur combat enfin au grand jour.

Il existait déjà, grâce entre autres à l'*IEA*, un réseau relativement étendu reliant les intellectuels de sensibilité néolibérale et leurs frères de combat dans le monde politique. Dans le domaine-clé de l'économie, par exemple, on pourrait citer parmi beaucoup d'autres, Alan Walters, professeur d'économie à l'université de Birmingham (qui devait plus tard devenir le conseiller économique personnel de Margaret Thatcher au 10 Downing Street), Peter Bauer, professeur à la London School of Economics, ou encore Patrick Minford, économiste monétariste basé à l'université de Liverpool (qui, déjà dans les années soixante-dix, réclamait à cor et à cri une baisse des allocations de chômage et une augmentation substantielle des loyers des HLM britanniques, deux mesures destinées à augmenter l'incitation au travail et à encourager la mobilité ouvrière). En sociologie, Digby Anderson, de l'université de Nottingham, qui devait plus tard créer son propre *think tank* de droite (la *Social Affairs Unit* en 1980) mena un travail longtemps solitaire contre la domination social-démocrate du champ.

Plusieurs initiatives furent lancées pendant cette période, dans et autour du Parti conservateur, pour donner une résonance plus forte à la réflexion de la droite radicale et pour l'étendre à d'autres champs. Dans une période de très forte effervescence intellectuelle, on rompit ainsi avec une longue tradition de pragmatisme conservateur, qui voulait que les débats intellectuels soient très largement ignorés, voire méprisés. Des intellectuels universitaires participèrent à ce renouveau de la pensée conservatrice, et contribuèrent au succès de ces initiatives : en 1973 fut créé le *Selsdon Group*, dont les objectifs étaient "proto-thatchériens". Beaucoup de jeunes conservateurs, formés par l'*IEA*, participèrent à l'initiative, et la présence d'anciens étudiants de l'université de St Andrews vint confirmer la réputation de pépinière néo-libérale de cette vieille université écossaise située seulement à quelques dizaines de kilomètres du lieu de naissance d'Adam Smith, dont le capital symbolique a été très largement instrumentalisé par les néo-libéraux pendant ces années de lutte et depuis. Plusieurs intellectuels libéraux et "libertariens" intervinrent dans les discussions de ce groupe, parmi lesquels l'inévitable von Hayek, Alan Walters, Ralph Harris, Samuel Brittan et l'ultra-libéral américain, Murray Rothbard. En 1973 fut également créé le *Conservative Philosophy Group* qui recrutait largement parmi les universitaires de droite (une catégorie néanmoins peu étendue à l'époque) : Roger Scruton de Birkbeck College, future figure de proue de la très conservatrice *Salisbury Review*, y participait ainsi que Hugh Trevor-Roper de l'université d'Oxford et Michael Oakeshott et Kenneth Minogue de la *London School of Economics*.

Mais le sentiment général chez de nombreux partisans zélés du conservatisme radical fut qu'il fallait se donner une structure plus formelle et plus efficace dans les luttes intellectuelles et politiques qui les attendaient, une structure qui leur permettrait de concentrer leurs efforts sur le Parti conservateur, perçu à juste titre comme le maillon politique de loin le plus faible dans ce qui restait du consensus keynésien. Les quelques mois qui séparèrent les deux élections législatives de 1974 virent ainsi l'émergence d'un deuxième *think tank* néo-libéral, non pas pour concurrencer le travail de l'*Institute of Economic Affairs*, mais plutôt pour donner une nouvelle dimension, plus conjoncturelle et plus politique, à son travail de longue haleine.

LE *CENTRE FOR POLICY STUDIES*

Fondé à la suite des deux défaites successives du Parti conservateur aux élections législatives, le *Centre for Policy Studies* fut, dès le départ, conçu comme un moyen de combat intellectuel militant en faveur des idées néo-libérales et néo-conservatrices au sein du Parti conservateur britannique, à l'époque en plein désarroi. Il fut utilisé par Margaret Thatcher (un des membres fondateurs) et ses proches pour mener le combat contre la tradition conservatrice de l'après-guerre marquée par le pragmatisme et le consensus. Dans ce sens le *Centre for Policy Studies* a été le plus politique des *think tanks* de la droite néo-libérale britannique. Dès le départ les rapports avec l'*Institute of Economic Affairs* furent très cordiaux, et ils s'agissait plutôt d'une division du travail que d'une quelconque concurrence entre les deux *think tanks*.

Au *CPS*, Margaret Thatcher trouvait un soutien fidèle en la personne de Sir Keith Joseph, comme elle ancien membre du gouvernement Heath de 1970 à 1974, et comme elle obsédé par la défaite humiliante que le syndicat des mineurs leur avait infligée en 1974. La nécessité d'une offensive anti-syndicale, réfléchie et préparée longtemps à l'avance, sera au coeur des préoccupations du *CPS* et sera théorisée par Keith Joseph (et von Hayek). Les propositions d'un des groupes du travail du *CPS,* formulées à la fin des années soixante-dix et destinées à museler le mouvement syndical britannique, ont été très largement prises en compte et mises en pratique sur le plan législatif par l'administration conservatrice sous la direction de Margaret Thatcher dans les années quatre-vingt.

Le travail de persuasion théorique mené par le *Centre for Policy Studies* s'effectua en dehors du Parti conservateur, même si tous les collaborateurs du centre furent membres ou proches du parti. Cette "indépendance" fut mise à contribution, surtout pendant le processus de "thatchérisation" du parti à la fin des années soixante-dix, pour lancer des ballons d'essai sur certains thèmes politiquement sensibles, qui pouvaient ensuite être repris dans les débats internes au parti, voire dans l'élaboration de sa politique. Bon nombre des conseillers de Margaret Thatcher furent d'abord des collaborateurs du *CPS*; ils devaient dans les années quatre-vingt faire écran entre le gouvernement et une haute administration soupçonnée de faiblesse, sinon de penchants sociaux-démocrates. L'influence incontestable du *CPS* dans le développement et ensuite le maintien d'une stratégie néo-libérale radicale au sein de la direction conservatrice, commença à faiblir à partir du milieu des années quatre-vingt (ce qui correspondit aussi à l'achèvement de la "thatchérisation" du parti).

En juin 1974 plusieurs membres de la direction du Parti conservateur, accompagnés d'intellectuels néo-libéraux extérieurs au parti, fondèrent le *Centre for Policy Studies* (*CPS*). Dès le départ le *CPS* devait occuper un créneau plus ouvertement politique que celui occupé par l'*IEA* (ce qui explique sa décision de ne pas demander un statut de "charité publique") et plus résolument militant. Son activité était entièrement dirigée vers le Parti conservateur et la grande majorité de ceux et celles qui écrivaient dans les publications du *CPS* étaient membres de ce parti. Si l'on était loin de la neutralité politique proclamée par l'*IEA*, on se trouvait néanmoins dans le même champ d'action, comme l'attestent les collaborations récurrentes d'intellectuels proches de l'*IEA* aux activités du *CPS*. Comme nous l'avons déjà fait remarquer, dans le monde des *think tanks* néo-libéraux la concurrence est plutôt un fait rare, et la coopération et la complémentarité sont plutôt la règle - ici il s'agit donc d'un *essaimage*. Avec la création du *CPS*, l'offensive intellectuelle et politique qui porta les idées du libéralisme économique dans le champ spécifique des batailles politiques, et qui devait aboutir à la transformation du Parti conservateur en formation de combat néo-libéral, avait commencé.

Le couple politiquement dirigeant du *CPS* était composé de Keith Joseph, ancien Ministre de la santé et de la sécurité sociale du gouvernement d'Edward Heath et de Margaret Thatcher, qui y avait occupé le poste de Ministre de l'éducation et des sciences. Au sein du petit groupe de radicaux néo-libéraux qui sentirent le vent souffler en leur faveur dans le Parti conservateur pendant les mois troubles ponctués par les deux défaites électorales conservatrices, Keith Joseph était la figure de proue intellectuelle et politique. Porte-parole de l'opposition conservatrice sur les questions sociales, il profita de sa stature médiatique pour lancer la bataille des idées contre les "compromissions" du passé (y compris le passé le plus récent), et ce faisant il torpillait délibérément la direction de son parti.

Keith Joseph eut sans doute une influence intellectuelle déterminante sur Margaret Thatcher et l'orientation du travail du nouveau *think tank* dut finalement peu de choses à la future Dame de Fer. Sur l'ensemble de la période qui vit la constitution d'un groupe radical idéologiquement soudé au sein du Parti conservateur, comparée à Keith Joseph, Margaret Thatcher joua en fait un rôle secondaire sur le plan intellectuel. Elle était tout au plus une formidable praticienne des idées venues d'ailleurs, surtout par l'intermédiaire de Keith Joseph, généralement reconnu comme la tête pensante de ce courant. Margaret Thatcher a d'ailleurs admis que son conservatisme à l'époque était plus instinctif que réfléchi, et qu'il fallut l'électrochoc des défaites pour qu'elle ressente le besoin de théoriser ses "instincts". Parlant de la fameuse conversion néo-libérale de Keith Joseph (qu'il situa lui-même en 1974) et la comparant à sa propre évolution, Margaret Thatcher évoque la création du *CPS* dans l'introduction de ses *Mémoires* :

« (...) Keith Joseph me fit une remarque qui trouva en moi un écho profond. “ Je ne suis devenu conservateur que récemment ”, dit-il, signifiant par là que durant ses vingt premières années en politique, dont bon nombre passées au sommet, il avait été une espèce de centriste de gauche. Je reconnus la vérité de la remarque de Keith en même temps que la subtile différence de mon cas : j'avais toujours été un conservateur d'instinct, mais je n'avais pas su transformer cette sensibilité en une grille d'idées cohérentes et en un ensemble de mesures concrètes de gouvernement. Et plus vite les illusions des hommes 'pratiques' se désintégreraient dans le heurt avec la réalité, plus la nécessité de développer une telle grille se ferait sentir. Dans ce but, Keith et moi créâmes le Centre d'études politiques (*Centre for Policy Studies*) »[15].

15. Margaret Thatcher, *10, Downing Street. Mémoires*, Paris, Albin Michel, 1993, p.23.

Keith Joseph n'avait pas le moindre doute concernant la fonction que devait remplir le nouveau *think tank*. Comme il le confia vingt ans plus tard à un chercheur britannique, en fondant le *Centre for Policy Studies* en 1974, son « objectif était de convertir le Parti conservateur (...) *d'articuler en termes politiques la pensée de l'IEA* »[16]. En cela il était fortement soutenu par l'autre fondateur du *CPS*, le journaliste (et homme de l'ombre), Alfred Sherman. Comme Seldon et Harris à l'*IEA*, Sherman venait d'un milieu modeste, mais à la différence des deux autres il était passé par l'extrême gauche dans les années trente et avait combattu dans les rangs des Brigades internationales. Ces transfuges de la gauche, relativement nombreux dans l'entourage ultérieur de Margaret Thatcher, constituaient d'ailleurs un apport précieux pour la nouvelle droite : leur vie était en quelque sorte "pédagogique", la meilleure illustration non seulement du caractère erroné des idées de gauche mais aussi du possible rachat de tels errements.

Comme Seldon et Harris, Sherman contribua largement à donner cette résonance populiste qui fut plus tard une des dimensions essentielles du néo-libéralisme britannique une fois installé au pouvoir[17]. Le combat contre le "socialisme" était le combat du David populaire contre le Goliath de l'État tatillon et tout puissant, des petites gens contre les bureaucrates de toutes espèces, des hommes et des femmes pratiques contre les intellectuels universitaires qui foisonnaient dans les institutions de l'État-"providence". Sherman lui-même nourrissait une haine farouche contre les universitaires et il utilisa tout ce qui était en son pouvoir pour réduire au strict minimum leur

16. Richard Cockett, *op. cit.*, p. 237.

17. Sur l'"autoritarisme populiste" du courant thatchérien, voir les premières analyses du sociologue britannique, Stuart Hall, dans *Policing the Crisis*, Londres, MacMillan, 1978.

représentation au sein des groupes de travail et de réflexion établis au sein du *CPS*. Il fut un de ceux qui insistaient le plus sur la nécessité de confier la conduite des affaires du *CPS* (comme, plus tard, de la nation) à des hommes et des femmes que la pratique professionnelle avait confrontés à la "réalité" (industriels, hommes d'affaires, commerçants). Une "idée" qui prit des allures d'article de foi pendant la période d'administration thatchérienne, où l'on vit hommes et femmes d'affaires et industriels occuper les fonctions les plus diverses au sein de la société britannique - de conseiller personnel du Premier ministre à directeur de troupe théâtrale. Ce fut Sherman qui tissa les nombreux liens étroits entre les milieux intellectuels et d'affaires et le *think tank* dont il avait la charge : il y fit entrer, par exemple, l'historien Hugh Thomas, ancien *Fabian*, comme collaborateur du *CPS* ainsi que le romancier Kingsley Amis, ancien "*angry young man*" de la littérature britannique des années cinquante ; ce fut lui également qui invita les hommes d'affaires David Young, John Hoskins et Norman Strauss à intervenir dans les séminaires du *CPS*, tous trois devenant de proches collaborateurs de Margaret Thatcher dans les années quatre-vingt.

Bien que n'occupant aucune position officielle dans le *staff* du 10 Downing Street, Sherman fut dans un premier temps très écouté par Margaret Thatcher, qui le fit même anoblir au début des années quatre-vingt. Ses conseils sur la conduite politique à suivre, comme ceux des autres conseillers privés dont Margaret Thatcher s'entourait, permettaient de contrebalancer les propositions de la haute administration que Margaret Thatcher soupçonnait de mollesse et de consensualisme. Cela dura jusqu'à son éclipse et sa disgrâce finale à la fin des années quatre-vingt. En effet, en 1987 il rompit un tabou de la nouvelle droite néo-libérale en affichant ses opinions xénophobes (bien connues de ses amis les plus proches) et en tentant d'organiser pendant le congrès du Parti conservateur la venue de Jean-Marie Le Pen, lui-même récemment converti au néolibéralisme...

Pendant les deux années qui suivirent la création du *CPS* en 1974, Keith Joseph parcourut le pays en développant le nouveau crédo de l'aile droite du Parti conservateur, à tel point qu'il apparut au début aux yeux de beaucoup d'observateurs comme le nouveau leader de la droite conservatrice venu remplacer Enoch Powell, discrédité pour cause de racisme. Si c'était effectivement Keith Joseph qui occupait le devant de la scène par ses discours publics, ces derniers étaient souvent écrits par Sherman (avant d'être revus par Keith Joseph) et bénéficiaient également des conseils précieux du journaliste Samuel Brittan, du *Financial Times*. L'essentiel du message de Keith Joseph était d'ordre économique, même si certains faux pas spectaculaires, hors de l'économie (une descente entre autres dans les eaux saumâtres du darwinisme social) lui ont probablement barré la route vers la place de leader du Parti conservateur.

En quelques mois, Keith Joseph, vieux compagnon de route de l'*IEA*, transforma les termes du débat public autour de l'avenir du Parti conservateur et de sa politique économique et sociale. Épousant la nouvelle doctrine monétariste récemment importée de Chicago, il fustigea (dans son discours de Preston de septembre 1974) la politique monétaire laxiste des *deux* partis de gouvernement et appela à une révision totale de la gestion gouvernementale de ce problème : « J'ai cru autrefois que la majeure partie de notre inflation, particulièrement dans la période récente, était due à l'augmentation vertigineuse des prix mondiaux. Je sais maintenant qu'elle résulte de la création de nouvelle monnaie sans lien aucun avec la création de richesses en termes de produits et de services. Lorsque la masse monétaire s'accroît trop vite, le résultat est l'inflation»[18]. Pour le commun des mortels britanniques à l'époque, c'était sûrement du charabia, mais en l'espace de quelques années, cette idée-là devint un élément-clé de la rhétorique gouvernementale (et pas seulement en Grande-Bretagne).

On remarquera que le réseau d'influence néo-libéral fonctionnait maintenant à plein rendement puisque ce discours de rupture avec trente ans de politique conservatrice, qui fut aussi interprété comme une mise en cause explicite de la direction du parti, fut aussitôt reproduit dans deux pages intérieures du journal conservateur le *Times*, une forte sympathie pour la démarche radicale de Keith Joseph s'exprimant jusque dans l'éditorial du journal.

Keith Joseph ne se limita pas à une critique de la politique monétaire et des "fausses solutions" au problème de l'inflation ; il aborda également, pendant cette même période, des thèmes plus hayekiens, tels que les rapports entre une économie de marché et les libertés publiques, affirmant dans un discours prononcé en 1976 que la destruction de l'économie de marché serait le début de la "tyrannie".

Le très haut profil médiatique donné aux interventions publiques de Keith Joseph (et ensuite de Margaret Thatcher) pendant les mois qui suivirent les deux consultations électorales de 1974 n'est sans doute pas étranger à l'évolution interne du Parti conservateur, où le courant représenté par Keith Joseph et Margaret Thatcher, au début fortement minoritaire, avança à pas de géant. A la suite des deux défaites électorales subies en moins d'un an, le dirigeant du Parti conservateur et ancien Premier ministre, Edward Heath, et le courant de pragmatisme modéré qu'il incarnait, furent terriblement affaiblis. Heath

18. Cité par William Keegan, *op. cit.*, p. 49-50.

fut acculé à remettre son mandat de dirigeant de la formation conservatrice aux voix des députés conservateurs.

L'élection du dirigeant du parti par le groupe parlementaire eut lieu au début de l'année 1975, et contre toute attente la candidate de droite, Margaret Thatcher l'emporta, bénéficiant en premier lieu du rejet massif de la "modération" à reculons de Heath, en second lieu du retrait de Keith Joseph, dont les gaffes publiques ternissaient l'image d'éventuel homme d'État, et enfin des atermoiements des autres rivaux potentiels de Heath.

Quasiment du jour au lendemain le courant minoritaire des ultra-libéraux se trouva projeté à la direction du Parti conservateur. Une femme doublement *outsider* - parce que femme et parce que venant d'un milieu petit-bourgeois à la différence de l'écrasante majorité de grands bourgeois et d'aristocrates qui veillaient habituellement aux destinées du conservatisme britannique - entreprit la transformation idéologique de son parti. Dans ce processus de "thatchérisation" du Parti conservateur, qui dura jusqu'au milieu des années quatre-vingt, le *CPS* devait jouer un rôle-clé, repoussant toujours plus loin les limites de ce qui était politiquement "pensable" pour les conservateurs, promouvant les idées les plus radicales du camp néo-libéral, consolidant et développant les positions des thatchériens purs et durs, dans les débats internes au parti.

Comme tous les autres *think tanks* engagés dans la bataille des idées politiques, le *CPS* pouvait avancer des idées radicales au moindre coût, sachant que n'étant pas une formation politique, ses amis du monde politique pouvaient toujours prendre des distances à son égard si les idées qu'il avançait suscitaient des réactions trop négatives. Les *think tanks* vont souvent servir, à partir des années soixante-dix, de terrain d'essai à des idées conçues comme politiquement sensibles. Dans le cas britannique, on voit dans la deuxième moitié des années soixante-dix une forte activité, à l'*IEA* comme au *CPS*, autour de deux questions "sensibles" : la lutte contre les syndicats et la transformation/destruction de l'État-providence. Dans les deux cas, les *think tanks* pouvaient prendre une liberté et une radicalité de ton qui restaient pratiquement impossibles à la direction du Parti conservateur, même sous Margaret Thatcher : ils déblayaient néanmoins un terrain qui ensuite fut occupé par les conservateurs une fois que le "climat" s'y prêta.

Le travail d'élaboration intellectuelle du *CPS* se structura au sein de "groupes d'études". Dans une première phase, ces derniers traitèrent d'un nombre restreint de problèmes : la politique de santé (le système de santé britannique fut disséqué sur le plan économique en vue de faire rentrer des critères "de marché" dans sa gestion) ; la politique de l'énergie; la réforme des syndicats. Ce fut surtout dans ce dernier domaine que le travail du groupe d'études concerné du *CPS*, le *Trade Union Reform Group* (TURG), eut le plus d'impact. En effet, après dix ans de thatchérisme, la quasi-totalité des propositions de "réforme" mises en avant par ce groupe à la fin des années soixante-dix devinrent des réalités juridiques : définition plus restrictive des conflits de travail, interdisant ainsi certaines formes de grève (grève de solidarité) ; restriction et plus tard interdiction de fait du monopole syndical d'embauche; imposition de nouvelles règles juridiques dans la conduite des grèves et dans l'organisation des élections syndicales (vote à bulletins secrets) ; octroi de nouveaux droits légaux aux syndicalistes pour contester les décisions des directions syndicales. Il va sans dire que toutes ces réformes, concoctées par les radicaux de droite du TURG, allèrent dans le sens d'une restriction massive de l'activité syndicale. C'est aussi un des rares exemples où l'influence d'un *think tank* est à la fois directe et palpable : en général, le cheminement entre l'élaboration intellectuelle d'une proposition radicale et sa mise en œuvre politique est bien plus sinueux et les revendications de "paternité" de telle ou telle mesure plus nombreuses et difficiles à juger.

Les quatre ans qui séparèrent l'élection de Margaret Thatcher à la tête du Parti conservateur et la victoire de celui-ci aux élections législatives de 1979 ont pesé très largement en faveur des radicaux néo-libéraux. Le Parti travailliste, arrivé au pouvoir sans projet précis, et incapable de juguler les dimensions multiples de la crise, fut peu à peu dominé par les événements et aspiré par le nouveau climat d'idées dans lequel les néo-libéraux faisaient figure à la fois de radicaux et de novateurs. Assez rapidement le nouveau crédo monétariste, maintenant porté par des institutions monétaires internationales, telles que le FMI, trouva sa place, à mots couverts, jusque dans le discours officiel travailliste. Ainsi, en septembre 1976, le Premier ministre, Jim Callaghan, annonça au congrès travailliste la rupture de fait avec le keynésianisme et l'adoption par la direction du Parti travailliste d'un monétarisme honteux sous la pression directe du FMI, nouveau maître du jeu politique britannique depuis l'octroi d'une aide financière substantielle pour sortir le gouvernement travailliste de l'impasse économique. « Les dépenses ne nous sortiront pas de la crise » expliqua Callaghan aux militants, les préparant ainsi aux coupes sombres dans les programmes sociaux et au plan d'austérité qui marqueront les deux dernières années de l'administration travailliste et creuseront un abîme entre le gouvernement et la base syndicale. Il va sans dire que les zélés adeptes du marché ne manquèrent pas l'occasion de souligner le "ralliement" de Callaghan à la sagesse néo-libérale et, en passant, l'incohérence grandissante du "projet" travailliste.

Pendant cette période, il s'agissait, pour le *Centre for Policy Studies*, de préparer idéologiquement les cadres dirigeants du Parti conservateur à une politique des plus radicales, et d'associer un nombre important d'acteurs de la vie économique à l'élaboration d'un programme aux visées révolutionnaires. Singeant le modèle établi par l'*IEA*, mais limitant son aire d'évangélisation essentiellement à l'intérieur du Parti conservateur, le *CPS* publia et promut les discours de Keith Joseph et Margaret Thatcher fustigeant l'État social démocrate et les "barons syndicaux" qui y imposaient leur loi, et exigeant un retour aux valeurs du "libéralisme classique". Par l'intermédiaire de Sherman, le *CPS* resserra les liens avec le "monde de l'entreprise" et mit des industriels et des cadres supérieurs favorables au nouveau radicalisme de la direction conservatrice en contact direct avec les responsables politiques (surtout Keith Joseph et Margaret Thatcher). Ce fut le cas de John Hoskyns, ancien chef d'une entreprise informatique, et "sympathisant" de l'*IEA* depuis les années soixante : se présentant volontiers comme un "technicien" de l'économie, Hoskyns était prêt à mettre son expertise au service du projet des conservateurs radicaux, et dans les années qui suivirent son introduction au *CPS* il s'allia à Margaret Thatcher, se trouvant ainsi au début des années quatre-vingt dans le groupe restreint de conseillers privés, la *Downing Street Policy Unit*, établie par Margaret Thatcher pour surveiller et contrecarrer l'influence, jugée néfaste, des hauts fonctionnaires britanniques dans l'élaboration et l'exécution de la politique gouvernementale. L'influence des *think tanks*, *CPS* et *IEA*, fut considérable au sein de la *Policy Unit* qui échappait, par la force des choses, à tout contrôle parlementaire, voire au contrôle du Parti conservateur, puisque ses membres étaient nommés par Margaret Thatcher et travaillaient directement avec elle.

La deuxième moitié des années soixante-dix est donc la période-clé pour qui veut comprendre l'influence déterminante des intellectuels néo-libéraux liés aux *think tanks*, *IEA* et *CPS*, dans la transformation de la vie politique britannique. Ainsi un nombre extrêmement limité d'activistes intellectuels (certains observateurs ont suggéré un chiffre aux alentours d'une cinquantaine d'intellectuels véritablement actifs dans ce travail de subversion néo-libérale de l'ordre social-démocrate) ont pu peser bien plus que les dizaines de milliers de militants qui pensaient décider de l'avenir de leurs partis, ou des millions d'électeurs qui pensaient décider de l'avenir de leur pays. En l'espace de quelques années, les limites de ce qui était politiquement pensable ont été complètement redessinées et des revendications jadis associées à la marge de la vie politique britannique sont devenues centrales : le retour de l'ensemble des activités du secteur public dans le domaine privé ; la restriction massive de l'activité syndicale ; la réhabilitation politique et morale de la notion de *profit*, désormais située explicitement au cœur de la stratégie conservatrice. Ainsi la ligne politique d'un des principaux partis britanniques fut profondément modifiée, et les projets alternatifs des autres forces politiques du pays très largement disqualifiés. Ce fut le résultat du travail exemplaire d'un réseau d'hommes et de femmes, nouveaux et anciens convertis au radicalisme de droite, introduits et récemment "respectabilisés" dans les milieux politiques, universitaires, journalistiques et financiers, souvent grâce à leurs anciens adversaires (c'est spectaculairement le cas en ce qui concerne les milieux journalistiques). Sans doute n'y avait-il pas de complot au sens précis du terme, mais il y avait assurément une action réfléchie et concertée qui, après des années d'isolement et de travail ingrat, fut couronnée de succès.

Si le gouvernement de Heath de 1970 à 1974 fut la première tentative de porter un remède néo-libéral aux maux de l'économie et de la société, avant de sombrer dans un keynésianisme opportuniste face à la résistance syndicale, ceux de Wilson et de Callaghan, entre 1974 et 1979, furent la dernière tentative de trouver une solution à la crise économique et sociale par les voies du corporatisme tripartite (associant les organisations syndicales, patronales et ouvrières, au processus de prise de décision politique). Le gouvernement travailliste proposa un "contrat social" aux directions syndicales, une sorte de compromis historique à l'anglaise suivant lequel le gouvernement œuvrerait à des réformes sociales en échange d'une trêve revendicative policée par le Trades Union Congress. C'était compter sans l'approfondissement de la crise économique et l'intervention éventuelle du Fonds monétaire international. En effet, le gouvernement de Callaghan, confronté à des difficultés financières accablantes fit appel au FMI en 1976 pour l'obtention d'un prêt important (2 300 000 000 livres sterling). En retour le FMI imposa une réduction drastique des dépenses publiques (de 2 500 000 000 livres sterling) en accord avec sa nouvelle doctrine monétariste; ainsi le gouvernement travailliste se trouva dans l'obligation d'abandonner le volet social de sa politique pour se conformer aux diktats de l'organisme international.

L'adoption, même honteuse, de "solutions" néo-libérales par un gouvernement travailliste en 1976 marqua le début de la fin de la trêve sociale. Deux ans plus tard, la révolte qui grondait dans l'ensemble du mouvement syndical face aux abandons du gouvernement travailliste fit irruption dans le secteur public, et l'hiver 1978-1979, appelé *the winter of discontent* (l'hiver du mécontentement) fut marqué par une série de grèves dures dans le secteur public, qui paralysa certains services essentiels.

La droite conservatrice, Margaret Thatcher en tête, jubilait. Les événements, surtout tels qu'ils furent reconstruits dans une presse quasi-unanimement hostile aux grévistes, apportaient des "preuves" aux arguments néo-libéraux. Ceux-ci étaient limpides : la Grande-Bretagne était devenue ingouvernable, car même le gouvernement travailliste, pourtant ami des syndicats, n'arrivait pas à assurer la paix sociale et le respect de sa politique. L'anarchie qui avait mis fin au dernier gouvernement conservateur refaisait surface dans les actions brutales et anti-démocratiques des syndicats du secteur public (les journaux télévisés se remplissaient d'images d'amoncellements d'ordures non ramassées par les éboueurs en grève et de cercueils laissés en rade par des croque-morts grévistes). Les vieux remèdes sociaux, faits de compromis et de consensus, ne fonctionnaient plus. Il fallait un changement de cap radical ; il fallait mettre de l'ordre. La rhétorique de la droite néo-libérale, après avoir construit de toute pièce (à l'aide de la théorie hayekienne) la soi-disant menace syndicale, puisa dans la réalité sociale (ou dans la représentation de celle-ci qu'elle avait très largement influencée à travers ses relais intellectuels et journalistiques) la preuve de sa véracité.

La crise sociale de l'hiver 1978-1979 et la désertion quelques mois plus tard des nationalistes écossais qui avaient jusque-là soutenu le gouvernement exsangue de Callaghan mirent fin à l'expérience malheureuse des travaillistes. Les élections de 1979 marquèrent non seulement le triomphe d'un "nouveau conservatisme", plus idéologique, plus combatif et plus enclin au conflit avec ses adversaires intérieurs et extérieurs, mais elles déclenchèrent dans le camp travailliste une crise interne qui dura toute la décennie suivante et paralysa l'opposition travailliste pendant toute la période d'administration thatchérienne.

L'analyse de cette période et des raisons de la débandade et de la défaite travaillistes a été déterminante dans la construction du "nouveau travaillisme" de Tony Blair, à partir du début des années quatre-vingt-dix. En reprenant l'analyse conservatrice de la surenchère et de l'anarchie syndicales et en attribuant les causes profondes de la défaite et de la désorientation ultérieure du Parti travailliste aux menées de son aile gauche (sous la direction de Tony Benn) et à la sur-puissance syndicale, Anthony Blair et son groupe ont réussi à discréditer l'opposition de gauche à la politique néo-libérale et ensuite à instituer cette dernière comme étant la seule politique "pensable" dans le cadre des contraintes nouvelles de la mondialisation.

L'*ADAM SMITH INSTITUTE*

Quelques mois après le virage monétariste du gouvernement Callaghan imposé par le FMI, un nouvel acteur apparut dans le petit monde des *think tanks* britanniques. L'*Adam Smith Institute (ASI)* fut créé en Grande-Bretagne en 1977, après avoir été conçu aux États-Unis en 1976. En effet, les deux Britanniques responsables de la création de l'*ASI* avaient aiguisé leurs armes intellectuelles aux États-Unis. Après des études de philosophie à l'université de St Andrews, Madsen Pirie et Eamonn Butler avaient quitté le Royaume-Uni pour travailler au très conservateur *Republican Study Committee* sous la direction du sénateur de l'Illinois, Edward Feulner, avant de suivre ce dernier à l'*Heritage Foundation*, dont il fut l'un des fondateurs en 1973. Des trois principaux *think tanks* néo-libéraux britanniques, l'*ASI* a entretenu (et continue aujourd'hui à entretenir) les rapports les plus proches avec les États-Unis et le réseau néo-libéral américain. L'un des frères Butler, Stuart, qui fut également étudiant à St Andrews et à l'origine de la création de l'*ASI*, resta d'ailleurs aux États-Unis et est aujourd'hui vice-président de l'*Heritage Foundation* et responsable de son groupe d'étude sur la politique intérieure. Madsen Pirie et Eamonn Butler continuent à paraître régulièrement dans la liste des auteurs de publications d'*Heritage*.

L'ADAM SMITH INSTITUTE

Fondé en 1977 par deux anciens étudiants de l'université de St Andrews (Ecosse), l'*Adam Smith Institute* est le plus "américain" des *think tanks* britanniques ; d'abord par les liens étroits entre Butler et Pirie, ses deux principaux animateurs, et leurs homologues américains à l'*Heritage Foundation* où les deux Britanniques ont fait leurs premières armes (d'ailleurs l'un des frères Butler est aujourd'hui vice-président d'*Heritage*), ensuite par les méthodes de travail adoptées par l'*ASI*. En effet, l'*ASI* travaille par réseau, faisant appel à un nombre impressionnant de collaborateurs britanniques et américains : il a, en conformité avec les pratiques d'*Heritage*, constitué un vivier d'intervenants néo-libéraux qui peuvent mettre leurs compétences à la disposition de ceux qui le demandent. Ainsi, depuis 1987, l'*ASI* tient une conférence annuelle sur les problèmes pratiques inhérents à la politique de privatisation qui attire des centaines de participants, parmi lesquels de plus en plus de dirigeants des anciens pays de l'Est.

Plus médiatique que les autres *think tanks* britanniques, l'*ASI* soigne une image iconoclaste et non-conformiste tout en faisant appel aux mêmes théoriciens que les autres officines néo-libérales (Hayek fut président d'honneur de l'*ASI*, Friedman et Buchanan ont largement inspiré et soutenu leurs travaux). Dans la période la plus récente, le néo-travaillisme d'Anthony Blair a trouvé un soutien enthousiaste de la part des activistes néo-libéraux de l'*ASI*.

En dehors des conférences et des séminaires qu'il organise régulièrement, l'*ASI* publie de nombreux petits livres et pamphlets destinés surtout à promouvoir la déréglementation et la privatisation dans tous les domaines de l'activité économique. Le *Manuel de privatisation*, de Butler et Pirie, publié en 1989, est conçu comme une aide pratique pour ceux qui, partout dans le monde, se posent la question de *comment* privatiser.

On aurait tort cependant de voir dans l'*ASI* simplement un cheval de Troie du néo-libéralisme à l'américaine ou de réduire son rôle, comme certains chercheurs l'ont fait [19], à celui d'un relais de la *CIA*. Butler et Pirie sont des révolutionnaires internationalistes néo-libéraux, et présentent sans doute à ce titre un intérêt non-négligeable pour les services secrets américains. Mais là n'est pas l'essentiel. Leur internationalisme les met aussi à l'aise parmi les conservateurs américains que parmi leurs homologues britanniques : ils ont apporté leur contribution à la révolution conservatrice des deux côtés de l'Atlantique. Leur carrière politique débuta en Écosse à la fin des années soixante, pour se poursuivre aux États-Unis et ensuite en Angleterre ; aujourd'hui ils lorgnent vers les ex-pays de l'Est et se vantent d'être très écoutés par l'élite dirigeante de plusieurs de ces derniers. Leur parcours n'a rien à envier à leurs homologues du Comintern.

Leurs premières activités politiques se déroulèrent à la fin des années soixante au sein de la puissante association des étudiants conservateurs de l'université de St Andrews en Écosse, dans laquelle ils réussirent à promouvoir toutes les causes de la droite ultra conservatrice de l'époque. Ainsi, ils proposèrent avec succès le nom d'Enoch Powell comme président honoraire de leur association, au milieu

19. Voir l'article de Radhika Desai, "Second-Hand Dealers in Ideas : Think-Tanks and Thatcherite Hegemony", *New Left Review*, n° 203, 1994, p. 27-64.

du scandale provoqué par ses discours racistes dans les grandes villes industrielles des *Midlands* anglaises. Au moment où d'autres milieux étudiants britanniques recevaient avec un peu de retard les leçons du mai français, ils organisèrent, entre autres, une célébration pour l'anniversaire de la déclaration unilatérale d'indépendance de la Rhodésie, destinée à mieux asseoir la domination blanche dans cette colonie britannique. A l'époque, ces jeunes radicaux conservateurs souffraient encore de la maladie infantile des révolutionnaires et montraient une incapacité certaine à distinguer l'essentiel de l'accessoire. Ils n'avaient pas encore appris à mettre une sourdine aux idées xénophobes, synonymes d'isolement idéologique, pour se consacrer à l'essentiel, à savoir la subversion radicale des institutions et des idées du consensus social-démocrate.

De leurs années américaines, Pirie et Butler apprirent à organiser leurs activités intellectuelles autour d'objectifs stratégiques, et à utiliser un réseau de contacts et d'appuis intellectuels (et financiers ?) qu'ils déployèrent avec succès lors de leur retour à Londres en 1977. On ne sera pas surpris de trouver de nouveau von Hayek parmi les intervenants actifs à l'*ASI*, ainsi que les penseurs américains du *public choice*, tel Buchanan. L'*ASI* est devenu le vecteur le plus important des théories de l'université de Virginie (et ensuite de l'université George Mason) en Grande-Bretagne, Pirie devait d'ailleurs lui consacrer un livre, *Micropolitics*, publié en 1988 par l'*ASI*.

Riches de leur expérience à l'*Heritage Foundation*, les deux animateurs de l'*ASI* ne lésinèrent pas sur leurs interventions auprès des médias britanniques et assez rapidement se creusèrent une niche comme les "*policy engineers*" (techniciens de la politique gouvernementale) les plus énergiques sur la scène néo-libérale britannique. Avec ses allures de Dr Foldingue, et ses interventions provocatrices, Pirie devint la coqueluche de certains *talk shows* télévisuels des années quatre-vingt.

L'ambition de l'*ASI* fut d'occuper le même rôle en Grande-Bretagne que l'*Heritage Foundation* aux États-Unis, fournissant aux politiciens, de préférence de droite, documents et analyses facilement assimilables, mais attirant l'attention des décideurs au préalable par des interventions bien menées auprès des médias. Il faut sans doute faire remarquer que les finances de l'*ASI* étaient sans commune mesure avec celles d'*Heritage* et limitaient donc sérieusement cette ambition ; néanmoins, le soutien financier en provenance de quelques entreprises (non-explicitées dans leurs comptes) et l'appui, sans compter, du milliardaire néo-libéral Jimmy Goldsmith étaient suffisants pour assurer le confort des deux permanents et l'organisation régulière de séminaires internationaux.

Pirie et Butler espéraient occuper un créneau assez distinct de l'*IEA* et du *CPS* : ils considéraient que leur priorité n'était pas de mener la bataille des idées, mais plutôt de faire des propositions pratiques de mise en œuvre d'idées essentiellement élaborées ailleurs. Qui plus est, ils se spécialisèrent assez rapidement dans la promotion de mesures pratiques de privatisation et de dérégulation, dans tous les domaines imaginables.

Avec l'*ASI* on est très loin de la neutralité politique proclamée par l'*Institute of Economic Affairs* : on a affaire ici à des combattants politiques, des permanents de la révolution néo-libérale qui se définissent eux-mêmes comme des activistes (*scholar activists*). Pour cette raison, l'*ASI* n'est sans doute pas très bien vu par les deux autres *think tanks* de la droite néo-libérale : trop remuant et trop porté sur une auto-publicité forcenée, l'*ASI* fait tache dans un milieu qui se spécialise dans la persuasion plutôt discrète. Néanmoins l'*ASI* occupe le même espace que les autres organisations-sœurs du néo-libéralisme britannique, s'inspirant des mêmes "maîtres", puisant souvent dans le même vivier d'intervenants universitaires. En se préoccupant des aspects concrets (les "*nuts and bolts*" comme ils aiment à le répéter) de la mise en œuvre de politiques radicales de droite, les activistes de l'*ASI* remplirent une fonction essentielle au sein du dispositif intellectuel néo-libéral à partir des années quatre-vingt. Copiant, par exemple, l'initiative américaine de l'*Heritage Foundation* qui publia son *Mandate for Leadership* une semaine après la victoire de Reagan en 1980, l'*ASI* publia à son tour en 1985 son *Omega File*, 435 pages de conseils de "spécialistes" adressés au gouvernement conservateur, pour le maintenir dans une ligne toujours aussi radicale et surtout pour prévenir tout ralentissement éventuel des réformes transformatrices.

Il est toujours malaisé de repérer l'influence précise d'un *think tank* dans le processus de prise de décision (et *a fortiori* dans la création d'un "climat d'idées"), surtout lorsque les dirigeants politiques les plus directement visés ont intérêt à minorer l'influence qu'ils ont subie et à survaloriser l'impact du débat au sein des instances traditionnelles, qu'elles soient de parti ou parlementaires. Même si l'on sait tout l'intérêt que Margaret Thatcher et son entourage portaient aux propositions de l'*ASI*, allant jusqu'à photocopier certaines de leurs publications pour les distribuer massivement parmi des responsables conservateurs, cette dernière n'en fait aucune mention dans ses *Mémoires*. Il est d'autant plus difficile de déterminer le rôle exact de l'*ASI*, par exemple, que ses animateurs tendent à exagérer systématiquement leur propre importance dans le but d'attirer toujours plus le regard des médias. Tous les observateurs s'accordent pour reconnaître dès le milieu des années quatre-vingt une nouvelle orientation du gouvernement thatchérien accordant une place prépondérante à la privatisation et à la dérégulation (la privatisation n'était pas encore une priorité dans le premier programme électoral thatchérien en 1979). L'*ASI* pouvait à juste titre s'attribuer au moins une partie de la paternité de cette nouvelle orientation.

L'activité des *think tanks* britanniques s'infléchit néanmoins lors de l'arrivée de Margaret Thatcher au pouvoir. Dans la phase active de préparation à la prise de pouvoir, entre 1975 et 1979, le nouveau groupe dirigeant du Parti conservateur et les *think tanks* travaillaient de concert. L'*IEA* et le *CPS* servaient non seulement de caisse de résonance du nouveau discours conservateur, publiant systématiquement les prises de position radicales de Keith Joseph et de Margaret Thatcher, mais aussi, surtout dans le cas de l'*IEA*, d'inspiration et de justification théoriques, déblayant le terrain pour de nouvelles "avancées". L'*ASI* se spécialisait dans l'importation de théories libertariennes américaines et apparaissait comme le plus radical des groupements intellectuels autour de la direction conservatrice. Une fois la nouvelle équipe installée au 10 Downing Street, les priorités changèrent : il s'agissait à la fois de défendre l'orientation radicale du nouveau pouvoir, surtout contre les "modérés" anti-thatchériens au sein du Parti conservateur, et de continuer à ouvrir de nouvelles pistes. Il s'agissait aussi de tenir compte des *contraintes* du pouvoir, et ce fut inévitablement dans ce domaine que des tensions commencèrent à se faire sentir parmi les plus exigeants des intellectuels radicaux qui avaient tendance à réclamer tout et tout de suite.

3

Les *think tanks*, le pouvoir thatchérien et l'exportation de la révolution conservatrice

L'arrivée au pouvoir de Margaret Thatcher en 1979 devait modifier de manière sensible le rôle et le positionnement des *think tanks* néo-libéraux britanniques. Même si ceux-ci s'étaient toujours proclamés indépendants des partis politiques et donc libres de leurs interventions dans les débats publics, cette indépendance était surtout de façade, et personne ne pouvait douter de la proximité extrême entre les intellectuels radicaux néo-libéraux regroupés autour des principaux *think tanks* et les nouveaux dirigeants britanniques. Après tout, Margaret Thatcher elle-même avait été directement impliquée dans la direction d'un des *think tanks* les plus actifs, le *Centre for Policy Studies* et les deux autres les plus en vue, l'*Institute of Economic Affairs* et l'*Adam Smith Institute* étaient étroitement liés à la faction néo-libérale désormais à la tête du Parti conservateur. Pour la première fois depuis la guerre, les réseaux néo-libéraux disposaient à la fois de relais puissants parmi ceux et celles qui étaient responsables de la conduite politique du Royaume-Uni et d'un climat général qui leur était favorable parmi l'élite britannique. Cela créait pour eux non seulement de nouvelles possibilités mais aussi de nouvelles contraintes.

Côté possibilités, on vit au cours des années quatre-vingt, parallèlement à l'élimination progressive de l'opposition conservatrice à la politique économique et sociale de Margaret Thatcher, la montée en puissance de politiciens conservateurs qui avaient fait leurs armes intellectuelles et politiques dans les officines néo-libérales. Il va sans dire que, dès le début, l'ami et mentor de toujours, Keith Joseph (nommé Ministre de l'industrie en 1979 et deux ans plus tard Ministre de l'éducation) occupa des positions-clés dans les gouvernements conservateurs et surtout dans le cercle restreint autour du Premier ministre. Il fut sans doute l'un des véritables stratèges de cette confrontation contrôlée avec les syndicats qui occupa tant de temps et d'énergie dans les premières années de l'exercice du pouvoir et qui aboutit à une défaite historique du mouvement syndical britannique en 1984-1985, lors de la grande grève des mineurs (qui, elle, ouvrit la voie à une série de lois encore plus restrictives sur l'activité syndicale en 1988, 1989, 1990 et 1992). D'autres acteurs politiques qui avaient été formés par l'*IEA*, comme Geoffrey Howe (chancelier de l'Échiquier en 1979 et ensuite Ministre des affaires étrangères) ou Nicholas Ridley (membre des gouvernements Thatcher de 1983 à 1990, à la fois néo-libéral intraitable et nationaliste anglais), constituaient une solide garde prétorienne autour de Margaret Thatcher pendant ses premières années au pouvoir, lorsque la bataille pour imposer la nouvelle vision néo-libérale (dans le Parti conservateur autant que dans le pays) était encore loin d'être gagnée. Des activistes plus jeunes, qui avaient fait leurs premières interventions dans les publications de l'*Adam Smith Institute*, comme Teresa Gorman ou Michael Portillo (futur Ministre de la défense), rejoignirent le gouvernement dans la deuxième moitié des années quatre-vingt.

La liste est longue de ceux et de celles qui furent récompensés de leur fidélité au radicalisme néo-libéral : peu nombreux, certes, dans les premiers gouvernements de Margaret Thatcher, qui devaient tenir compte du rapport de forces encore assez équilibré entre thatchériens et anti-thatchériens au sein du Parti conservateur, ils formèrent un noyau très puissant (même s'ils n'étaient jamais majoritaires) au sein du cabinet gouvernemental dès le milieu des années quatre-vingt, lorsque tout semblait sourire à la Dame de Fer, autant sur le plan intérieur (avec la défaite des mineurs) que sur le plan extérieur (dans la relance de la "relation spéciale" avec les États-Unis par le biais de son amitié idéologique et personnelle avec Ronald Reagan). Jusqu'à la fin de son règne, Margaret Thatcher, dans une logique organisationnelle proche de la bolchevisation, opérait une distinction cruciale entre ses partisans au sein du Parti conservateur - ceux qui avaient su tenir bon pendant les crises et dont le radicalisme politique n'avait pas été entamé par l'ambition politique ou l'exercice du pouvoir - et les autres, héritiers de la vieille tradition conservatrice pragmatique et peu enclins au pugilat idéologique, qu'elle méprisait de manière ostentatoire. Ainsi s'explique la haine farouche qu'elle entretenait à l'égard de l'ancien dirigeant et Premier ministre conservateur, Edward Heath, sans parler de l'inimitié durable qui marqua ses rapports avec la reine d'Angleterre.

Ce qui est vrai des politiciens du camp néo-libéral l'est également des intellectuels qui avaient été au cœur de la réflexion menée par les *think tanks*. Un nombre certain de ces intellectuels fut appelé à des fonctions de conseil auprès du nouveau Premier ministre, qui créa dès les débuts de son administration un ensemble de nouvelles structures de réflexion et d'action, destinées à contourner les "lourdeurs" de la haute administration et à contrecarrer la trop forte tendance à la modération inhérente aux débats à l'intérieur des partis traditionnels et du Parlement. Il s'agissait de construire un cordon sanitaire autour du noyau gouvernemental, de mettre l'idéologie aux commandes et de maintenir cette pression idéologique sur l'ensemble de l'appareil de l'État britannique : dans cette configuration l'apport des "experts" radicaux fut crucial.

Le cas de l'économiste Alan Walters (professeur à la *London School of Economics* entre 1968 et 1976 et ensuite à l'université américaine John Hopkins entre 1976 et 1991) est exemplaire à cet égard. Walters avait été parmi les plus énergiques des participants aux activités de l'*IEA* avant même que le vent ne change en faveur des néo-libéraux. Parmi les premiers économistes britanniques à épouser le monétarisme, il fut l'auteur d'un pamphlet de l'*IEA* en 1969 intitulé *Money in Boom and Slump*, dans lequel il défend une vision "friedmanienne" de la création monétaire. Pendant les années soixante-dix il avait soutenu tous les combats des radicaux conservateurs malgré son éloignement américain (il avait d'ailleurs participé aux toutes premières discussions entre Thatcher, Joseph et Sherman pour préparer la création du *Centre for Policy Studies*). En 1980, sur l'insistance de Sherman au *CPS*, Walters revint en Grande-Bretagne pour occuper un nouveau poste de conseiller économique spécial auprès de Margaret Thatcher; il exerça cette fonction-clé dans l'organigramme thatchérien entre 1981 et 1984. Ce qui est remarquable dans le cas de Walters c'est l'imbrication d'une pureté cristalline entre le réseau intellectuel (Walters avait été actif à l'*Institute of Economic Affairs* comme au *Centre for Policy Studies*), le pouvoir politique et le lobby néo-libéral émergeant dans l'industrie (la moitié du salaire considérable - 50 000 livres à l'époque - que Walters recevait comme conseiller spécial de Margaret Thatcher fut payé par le *CPS* en utilisant une subvention de l'organisation patronale de combat, *British United Industrialists*).

La plupart des participants actifs aux menées des *think tanks* néo-libéraux reconnaissent cependant que ceux-ci connurent leurs heures les plus intenses et leurs plus grands succès, en tant qu'organisations, au cours des années soixante-dix. Cette période fut non seulement le moment des combats les plus vifs destinés à déstabiliser l'ordre keynésien et ses supporters intellectuels et politiques, mais aussi le moment où leur influence se fit sentir de la manière la plus directe et la plus tangible dans les infléchissements imposés par Margaret Thatcher à la stratégie politique du Parti conservateur. Il y avait pendant cette période l'euphorie de la radicalité oppositionnelle et la joie des combats frontaux. Avec l'arrivée au pouvoir vinrent de nouvelles contraintes que certains, pris au piège de la rhétorique de l'indépendance, acceptèrent de très mauvaise grâce.

Ainsi, le *Centre for Policy Studies* traversa plusieurs crises internes liées à sa trop grande proximité avec l'appareil conservateur et au devoir de réserve qu'on semblait désormais attendre de lui. Il est vrai qu'il y eut aussi pendant cette période des transferts de personnel du *CPS* vers les cercles para-gouvernementaux établis par Margaret Thatcher : ainsi John Hoskyns et Norman Strauss qui avaient été recrutés par Sherman au milieu des années soixante-dix pour le travail d'élaboration intellectuelle et politique en cours au *CPS* devinrent au début des années quatre-vingt des conseillers de Margaret Thatcher au sein de la puissante *Downing Street Policy Unit*. C'était à la fois un signe de l'influence des néo-libéraux du *CPS* auprès du nouveau pouvoir et un affaiblissement de la capacité de frappe de leur *think tank* d'origine. En tout cas le *CPS* commença à péricliter dans son rôle de penseur collectif de l'impensable néo-libéral. En 1985 Sherman, permanent et activiste principal du *CPS*, peu habitué à la réserve et à la modération obligées, fut contraint de donner sa démission, après plusieurs années d'insatisfaction devant les lenteurs du processus démocratique qui lui semblaient freiner la révolution libérale (une analyse que partageaient d'ailleurs bon nombre d'intellectuels néo-libéraux à l'époque, empressés d'en découdre avec les restes du consensus keynésien et peu conscients de l'inscription de la stratégie thatchérienne *dans la durée*). A partir de ce moment-là, les néo-libéraux perdirent de l'influence au sein du *CPS* et des idéologues néo-conservateurs, plus préoccupés du "déclin moral" de la Grande-Bretagne et du rétablissement de "l'ordre" que de l'économie de marché prirent le dessus.

L'*Institute of Economic Affairs* et l'*Adam Smith Institute* ont certainement mieux résisté à la proximité du pouvoir, et ont continué à exercer une pression idéologique forte pour maintenir la trajectoire radicale qu'avait prise au départ l'expérience thatchérienne. Partisans d'une révolution néo-libérale permanente, leur rôle était de veiller à un apport constant de propositions et de projets nouveaux, toujours plus exigeants, et plus radicaux, pour pousser toujours plus loin la privatisation et la dérégulation de la société britannique. Ils considéraient que la politique thatchérienne était menacée par l'esprit de compromis ou le retour honni des pratiques consensuelles : il ne fallait donc pas relâcher les efforts dans les domaines-clés de la réforme syndicale, de la réduction du secteur public et du démantèlement de l'État-providence. Si dans les deux premiers cas le travail du gouvernement et de ses supporters dans le monde intellectuel fut facilité par la bienveillance ou du moins l'absence d'une hostilité organisée de l'opinion publique britannique pendant les années quatre-vingt, dans le cas des services publics d'enseignement et de santé la résistance au rouleau compresseur néo-libéral fut plus marquée et le gouvernement obligé de procéder à mots et à mesures couverts (Margaret Thatcher fut même acculée à annoncer, lors des élections législatives de 1987, contre toute vraisemblance, que "dans les mains des conservateurs le Service national de santé est en sécurité"). Cela n'empêchait pas l'*IEA* et l'*ASI* de publier des dizaines de rapports et d'études réclamant la soumission aux "lois du marché" des activités liées à l'État-providence, comme toutes les autres activités économiques. Comme le disait Madsen Pirie, directeur de l'*Adam Smith Institute*, en 1987, exprimant peut-être autant ses désirs profonds qu'une réalité politique : « Nous proposons des choses que les gens considèrent comme étant presque de la folie pure. En un rien de temps elles deviennent presque de la politique gouvernementale ». Puisque le gouvernement conservateur fut obligé de procéder par étapes, réglant chacun de ses dossiers prioritaires progressivement, la pression constante exercée par les *think tanks* fut somme toute une aubaine pour les dirigeants radicaux autour de Margaret Thatcher.

Les années quatre-vingt virent l'imprégnation progressive de la société britannique, ou plus précisément de ses élites, par l'idéologie néo-libérale, et de ce fait même les *think tanks* durent aussi modifier leurs formes d'intervention. La phase du combat purement oppositionnel relevait du passé : la logique du marché, de la concurrence et de l'individualisation fit son entrée dans des domaines aussi éloignés que les télécommunications (privatisées en 1985) et l'enseignement supérieur (avec l'introduction progressive mais massive de la précarisation chez les enseignants et l'imposition de modes de gestion importés du secteur privé, chaque université étant sommée de développer sa propre "stratégie d'entreprise"). Le langage du marché fut d'ailleurs progressivement étendu à l'ensemble des activités du pays, à tel point qu'aujourd'hui le terme "*customer*" peut s'appliquer aussi aisément, dans des domaines qui perdent peu à peu la conscience même de leur autonomie, à un étudiant de première année d'université, à un malade sur une liste d'attente des hôpitaux ou à un demandeur d'emploi venu demander de l'aide dans les services sociaux. De la même manière, les rapports au sein du Service national de santé entre médecins et hôpitaux sont présentés en termes de "fournisseurs" de services (les hôpitaux), et d'"acheteurs" (les médecins pour le compte de leurs patients). Il y eut une bataille de mots, une lutte pour imposer un vocabulaire néo-libéral, qui aujourd'hui ont très largement porté leurs fruits.

Pour s'assurer de la marchandisation de toutes les activités du pays, le pouvoir thatchérien n'hésitait pas à mobiliser toute la puissance de l'État central britannique : il imposa ainsi des critères de gestion privée et, si nécessaire, le recrutement d'hommes d'affaires à la tête d'institutions les plus diverses. Un exemple parmi des centaines d'autres se trouve dans *The Bone Won't Break*, publié à la fin des années quatre-vingt par le metteur en scène John McGrath, qui raconte comment sa troupe de renommée nationale, *7:84*, fut véritablement mise à mort par le recrutement obligé d'un entrepreneur privé pour "assainir" sa gestion financière[20].

Il s'agissait pour les combattants néo-libéraux de consolider et de développer leurs "acquis", en Grande-Bretagne mais aussi à l'extérieur du pays. On voit ainsi se développer une forte activité internationale à partir de cette période destinée à exporter les idées de la révolution néo-libérale, prioritairement dans le reste du monde sous influence anglo-saxonne mais aussi, vers la fin des années quatre-vingt et pendant les années quatre-vingt-dix dans les anciens pays de l'Est. Il est vrai que dans ce domaine les activistes des *think tanks* britanniques fonctionnèrent plutôt comme de simples supplétifs à leurs homologues américains, l'*Heritage Foundation* en premier lieu, capables de mobiliser des moyens financiers et humains autrement plus importants.

20. John McGrath, *The Bone Won't Break. On Theatre and Hope in Hard Times*, Londres, Methuen, 1990.

C'est aussi à partir du milieu des années quatre-vingt que le "modèle anglais" commença à trouver des partisans ailleurs en Europe. En France, par exemple, non seulement le croisé hayekien, Alain Madelin, chanta les louanges d'une Grande-Bretagne en pleine privatisation, mais aussi, autour de Mitterrand et parmi les commentateurs économiques de la gauche médiatique, on commença à trouver quelques vertus à la stratégie anglaise de baisse des impôts et de promotion de l'activité économique privée sans entraves.

Le travail d'essaimage international d'un réseau de *think tanks* avait déjà commencé dès les années soixante-dix, mais il ne s'épanouit véritablement que dans les années quatre-vingt avec l'installation des néo-libéraux au pouvoir en Grande-Bretagne et aux États-Unis. Dès le milieu des années soixante-dix, on trouve le premier sponsor de l'*Institute of Economic Affairs*, Antony Fisher, fort de ses succès britanniques, à l'œuvre en Amérique du Nord et dans les pays du Commonwealth. En 1975, Fisher devint co-directeur du *Fraser Institute* à Vancouver, *think tank* néo-libéral qui avait été fondé l'année précédente par l'homme d'affaires canadien, Pat Boyle. Le travail de Fisher consistait essentiellement à organiser le financement privé du *Fraser Institute* en multipliant des contacts avec le monde des affaires : son succès dans ce domaine fut suffisamment probant pour l'encourager à fonder un autre *think tank*, cette fois-ci à New York, en 1977, l'*International Center for Economic Policy Studies* (on remarquera que les documents officiels d'installation du nouveau *think tank* furent signés, au nom de l'ICEPS, par Bill Casey, qui devint plus tard directeur de la CIA). En 1978, l'ICEPS se transforma en *Manhattan Institute for Policy Research*, acteur-clé dans les débats politiques de la droite américaine des années quatre-vingt, qui bâtit sa réputation autour de la publication d'écrits ultra-conservateurs, tels que *Losing Ground* de Charles Murray [21]. Les activités de Fisher ne s'arrêtèrent pas avec le succès incontestable du *Manhattan Institute.* Celui qui avait été un véritable disciple de von Hayek dans les années cinquante, rêvant d'une croisade au nom des valeurs du libéralisme économique, continua à la fin des années soixante-dix son travail de VRP de la révolution néo-libérale internationale en favorisant le développement d'un autre *think tank*, le *Centre for Independent Studies*, cette fois-ci en Australie, pays qui au cours des années quatre-vingt devait aussi servir de terrain d'expérimentation aux néo-libéraux. En 1981, de retour aux États-Unis, Fisher fonda l'*Atlas Economic Research Foundation* qui en 1987 rejoignit l'*Institute of Humane Studies* (lui-même fondé en 1961 par un collègue de Fisher, également membre de la *Société du Mont-Pèlerin*, F.A. Harper). L'objectif de l'*Atlas Foundation* est, depuis sa création, de coordonner et de mettre en synergie le réseau international de *think tanks* néo-libéraux que Fisher, entre autres, contribua à fonder ou à développer. Entre 1987 et 1990, John Blundell, qui avait déjà travaillé dans les trois principaux *think tanks* néo-libéraux britanniques (l'*IEA*, le *CPS* et l'*ASI)* dirigea l'*Atlas Foundation* et l'*Institute of Humane Studies* : son travail consista, selon lui, à « parsemer partout dans le monde des *think tanks* favorables à l'économie de marché ». En 1991, l'*Atlas Foundation* prétendit avoir participé, d'une façon ou d'une autre, à la création ou au développement de soixante-dix-huit officines de ce type, dont trente-et-une en Amérique latine [22].

21. Charles Murray, *Losing Ground: American Social Policy 1950-1980*, New York, Basic Books, 1984.

22. Pour une discussion du développement international des activités des *think tanks* anglo-saxons, voir Richard Cockett, *op. cit.*, p. 306-308.

L'*Atlas Foundation* organisa, à partir de 1983, dans sa base universitaire à l'université George Mason en Virginie, des ateliers annuels dans lesquels la bonne nouvelle néo-libérale fut propagée. A partir de cette époque aussi, *Atlas* développa ses interventions à l'extérieur des États-Unis, avec des conférences au Venezuela, au Guatemala, à la Jamaïque, en Nouvelle-Zélande, en Australie, en Russie...

Il est évident que si la crise sociale et économique de la Grande-Bretagne au début des années soixante-dix favorisa l'émergence du néo-libéralisme en tant que force politique interne, l'effondrement de plus en plus spectaculaire des régimes de l'Est dans la deuxième moitié des années quatre-vingt créa de nouveaux espaces d'expérimentation pour l'idéologie néo-libérale, qui jouissait désormais de bases arrières fortes aux États-Unis comme en Grande-Bretagne. Les *think tanks* américains et britanniques ont occupé une place non-négligeable dans la nouvelle stratégie américaine de transformation de l'Europe centrale et orientale en économies de marché brutalement déréglementées.

Dans ce cas, on peut voir les nouvelles complicités dont jouissent les *think tanks* néo-libéraux au sein même des appareils d'État (et cela malgré leur méfiance, feinte ou réelle, pour les hauts fonctionnaires). Dans la deuxième moitié des années quatre-vingt et au début des années quatre-vingt-dix, le *Foreign Office* britannique, par exemple, n'hésita pas à recommander l'*Adam Smith Institute* comme consultant à des responsables politiques des pays de l'Est en quête de savoir-faire en matière de privatisation. Le *Manuel de privatisation* (1989), écrit par Pirie et Butler et publié par l'*ASI* a été largement distribué dans les anciens pays socialistes. Depuis 1987, l'*ASI* organise chaque année dans la capitale britannique une conférence internationale sur la privatisation, très fréquentée par de hauts responsables tchèques, polonais et hongrois (entre autres).

A la fin des années quatre-vingt, les *think tanks* néo-libéraux britanniques semblaient avoir atteint l'essentiel de leurs objectifs, tout au moins en Grande-Bretagne (malgré la rhétorique de certains sur la révolution toujours à finir). Le Parti conservateur, sous la direction de Margaret Thatcher et avec l'aide logistique permanente des croisés néo-libéraux dans les champs universitaire et médiatique, avait transformé le paysage économique et politique britannique. Le fameux "effet de cliquetis" (*ratchet effect*) qu'ils avaient décelé dans le "socialisme rampant" du consensus keynésien jouait désormais en leur faveur, au point qu'il était devenu politiquement impensable de revenir sur les "acquis" thatchériens (même les mots manquaient pour penser une alternative). En utilisant sans compter toute la puissance de l'État central, les thatchériens avaient réussi, en une quinzaine d'années, à briser toute velléité d'opposition politique organisée à la privatisation de la société britannique (on se rappellera la réplique désormais célèbre de Margaret Thatcher à la question d'un journaliste sur l'effet de sa politique sur la société britannique, où elle affirmait que la "société" n'existait pas, et que seuls comptaient les individus et leurs familles). Les autorités locales, dont beaucoup restaient aux mains de l'opposition travailliste, furent strictement contrôlées, et leur capacité de lever des impôts locaux, et donc de développer une politique sociale, fut limitée de manière draconienne ; les plus récalcitrantes des institutions locales - les conseils métropolitains - furent tout bonnement abolies ; les syndicats furent affaiblis et finalement ligotés dans leur action revendicative et politique par un travail à la fois idéologique et juridique réparti sur l'ensemble de la période ; de ce fait, le pouvoir des directions d'entreprise fut massivement consolidé - ce qui permit d'imposer progressivement une nouvelle discipline d'acier, la fameuse "flexibilité", dans les entreprises britanniques, renforcée par un chômage de masse et une précarisation accrue de l'ensemble des salariés britanniques. Les bases traditionnelles du consensus keynésien de l'après-guerre - économie mixte, réseau étendu de protection sociale, collaboration tripartite dans la gestion économique - furent brisées : l'économie est désormais massivement sous contrôle privé ; ce qui reste des institutions de l'État-providence souffre d'un sous-financement chronique qui ne fait qu'ajouter au discrédit idéologiquement construit autour d'elles par les idéologues néo-libéraux ; les activités syndicales sont plus contraintes et policées qu'à n'importe quelle période depuis le début du siècle (on se rappellera que l'objectif affiché, et très largement atteint, par von Hayek était de revenir à la situation antérieure à la loi de 1906). C'est surtout dans les conditions réelles de l'exercice du travail salarié que les effets de la révolution néo-libérale ont été les plus profonds et les plus inquiétants. Aujourd'hui le marché du travail britannique est le plus déréglementé d'Europe et les salariés britanniques les moins protégés en ce qui concerne leurs conditions de travail et d'emploi (un salarié britannique ne bénéficie, par exemple, d'*aucune* protection contre un licenciement abusif pendant les deux premières années de son contrat).

Le Royaume-Uni est ainsi devenu le pays du "néo-libéralisme réellement existant", et l'interprétation de la réalité britannique est devenue, à l'intérieur comme à l'extérieur du pays, un véritable enjeu dans la bataille des idées. Pour les défenseurs du capitalisme sans entraves, il s'agit de montrer les succès britanniques pour mieux diffuser le modèle sous-jacent. En gardant cela à l'esprit, on comprend mieux l'acharnement avec lequel certains aujourd'hui en France encensent l'expérience anglo-saxonne, ou encore, la récente campagne médiatique destinée à encourager de jeunes Français à se précipiter vers Londres pour trouver ces "petits boulots" anglais qui riment avec sur-exploitation économique et sous-protection sociale (réalités souvent cachées, y compris aux victimes elles-mêmes, par l'exotisme du dépaysement).

Comme au temps du Comintern, une internationale structurée et amplement financée s'efforce de diffuser un modèle économique et social à grand renfort d'interventions propagandistes : comme son illustre prédécesseur, l'actuelle internationale néo-libérale dispose non seulement d'une armée de permanents (travaillant, eux, dans les grandes institutions économiques et financières internationales), mais aussi d'un réseau puissant de groupements intellectuels qui dans chaque pays préparent l'opinion publique (mais surtout les élites sociales) aux transformations économiques et sociales qu'ils (avant-garde auto-désignée) jugent nécessaires. A la différence, peut-être, des bolcheviks d'antan, les néo-libéraux ne craignent pas la publicité : au contraire, leur moindre action, leur plus minime contribution à la praxis néo-libérale sont amplifiées par leurs sympathisants dans les médias dans le but ouvertement avoué de mieux asseoir leur influence dans un monde politique, déjà largement gagné à leur cause dans bien des pays.

Conclusion

Il est important de réfléchir à l'expérience britannique de ce dernier quart de siècle, non seulement parce qu'elle remet en cause l'idée largement répandue selon laquelle les intellectuels et les idées qu'ils produisent et diffusent n'ont aucun effet sur le monde "réel", mais aussi parce qu'elle est proposée aujourd'hui par les idéologues libéraux français comme lendemains qui chanteraient. Il suffit d'écouter un Madelin ou un Seillière, de lire les éditoriaux d'un Giesbert (sans parler de la page des débats économiques de *Libération* qui accueille régulièrement des contributions de chercheurs rattachés à l'*Institut des hautes études internationales* de Genève - l'une des bases historiques du néo-libéralisme international) ou de suivre la promotion médiatique des livres d'un Guy Sorman, pour se convaincre de la réalité des relais français de l'internationale néo-libérale [23]. D'ailleurs, la très récente crise provoquée par les accords entre une partie de la droite et le Front national en vue d'élire les présidents des Conseils régionaux a ouvert un espace pour ceux qui, comme Charles Millon en Rhône-Alpes (mais il est loin d'être le seul), revendiquent la création d'un vrai parti de droite, national et *libéral*, débarrassé de tout complexe envers la pensée étatiste.

23. Voir l'article de Matthieu Douérin, "L'ultralibéralisme, un antihumanisme", *Prétentaine*, n°9-10, avril 1998, p. 231-250.

Pour ceux qui prétendraient que la France est à l'abri de l'utopie néo-libérale, il est salutaire de rappeler que nombreux étaient ceux et celles en Grande-Bretagne qui arguaient au cours des années soixante-dix de l'*exception britannique* (la puissance numérique des syndicats ; l'attachement des Britanniques aux conquêtes sociales de l'immédiat après-guerre, etc.) pour soutenir que la révolution néo-libérale n'aurait tout simplement pas lieu... Il est plus étonnant de constater que quelques-uns encore, en Grande-Bretagne comme parmi les observateurs universitaires français de la réalité britannique, affirment que cette révolution *n'a pas eu lieu*. On croit rêver et puis on pense à Baudrillard et la guerre du Golfe. Mais les conséquences bien réelles de dix-huit ans d'administration conservatrice guidée par la doctrine néo-libérale ne sont pas difficiles à constater ; nous les avons largement évoquées.

Cependant, on aurait tort de cantonner le néo-libéralisme - cette foi religieuse dans l'efficacité économique *et sociale* du marché libéré de toute entrave - à la seule droite. Là encore, l'expérience britannique est riche d'enseignements. De la défaite des syndicats britanniques, de la désillusion et de la désorientation politiques créées à gauche par les années Thatcher est sortie une bête bien étrange, un être hybride qui sous le couvert d'un "nouveau" travaillisme, d'une éthique moderniste, d'un retour aux valeurs "chrétiennes", laboure le même terrain que ses prédécesseurs conservateurs.

Ce n'est pas la plus petite des victoires des néo-libéraux britanniques que d'avoir avalé ce qu'on appelle aujourd'hui outre-Manche le "vieux travaillisme", avec ses contradictions, ses doutes mais aussi son énorme réserve d'espoir et, parfois, de mobilisation populaire, et d'avoir recraché à sa place un parti "relooké", débarrassé de son passé (surtout de ce qu'il recélait de volonté de transformation sociale), remodelé autour d'un projet de société qui se situe résolument dans la continuation de la politique néo-libérale engagée par Margaret Thatcher (et qui a failli perdre sa route sous Major). Dès 1995, dans son *Mais Lecture*, Anthony Blair indiqua clairement les grandes lignes de la nouvelle politique qu'il entendait impulser dans son parti. Pour ce qui concerne la politique économique préconisée par les nouveaux travaillistes, il affirmait qu'« un cadre macro-économique pour maintenir l'inflation à un niveau bas et stable (était) encore plus important que dans les années quatre-vingt » et que « des améliorations du côté de l'offre étaient vitales pour accroître le taux de croissance de l'économie ». Face à l'offensive conservatrice contre les syndicats (neuf lois entre 1980 et 1992), Anthony Blair promettait que « les éléments-clés de la législation des années quatre-vingt concernant les syndicats seraient maintenus ». Si l'on ajoute à ces promesses clairement inscrites dans la lignée néo-libérale, les indications on ne peut plus parlantes données pendant la campagne électorale du printemps 1997 selon lesquelles les travaillistes s'engageaient à ne pas toucher aux grandes lignes d'une politique fiscale néo-libérale qui avait très largement contribué à creuser l'écart entre les revenus en Grande-Bretagne en favorisant massivement les couches les plus aisées de la population, on mesure mieux la continuité entre Margaret Thatcher et Anthony Blair et l'influence toujours puissante de la doctrine que les *think tanks* ont tant fait pour propager.

En ce sens, Anthony Blair a bien mieux servi la Dame de Fer que le pâle et inefficace John Major. En acceptant un carcan fiscal délibérément construit par les conservateurs pour récompenser les méritants (à savoir les riches), en refusant de revenir sur les lois anti-syndicales destinées non seulement à contraindre l'action syndicale mais surtout à modifier profondément la perception publique de l'action collective (en l'associant à des menées criminelles), et surtout en abandonnant explicitement tout espoir de sortir un jour des lois d'airain de l'économie de marché et de la flexibilité (de la "flexploitation" disait une économiste britannique récemment [24]) l'actuelle direction du Parti travailliste a tenté tout bonnement de boucher l'horizon politique et social, en écartant toute possibilité d'une vraie alternative politique. Elle a en quelque sorte déclaré unilatéralement "la fin de l'histoire" en Grande-Bretagne.

Mais quoique puissent penser ceux pour qui l'économie "de marché" est devenue un objet de croyance messianique, la fin ultime de l'évolution humaine, l'histoire, même britannique, recèlera peut-être encore des ruses. Le travail intellectuel des néo-libéraux britanniques, s'appuyant sur chaque petite avancée pour reconquérir la domination du champ politique, profitant de la crise sociale et économique pour influer directement sur le "climat des idées", accompagnant un gouvernement "révolutionnaire" (celui de Margaret Thatcher) dans son travail de transformation sociale et économique, n'a pas complètement porté ses fruits. Certes, l'élite britannique est aujourd'hui imprégnée de la pensée néo-libérale, et les têtes des principaux partis semblent avoir complètement incorporé ce nouveau paradigme. Certes, ceux qui cherchent une alternative à la pensée unique britannique n'ont pas encore trouvé les mots pour la dire. Cependant, beaucoup d'observateurs de la réalité britannique ont souligné l'écart entre les ambitions néo-libérales et les changements signi-

24. Il s'agit d'Anne Gray lors de son intervention aux *Rencontres européennes contre la précarité* organisées par *Raisons d'Agir-Grenoble* à Grenoble en décembre 1997. Voir Anne Gray, "Flexibilisation of labour and the attack on workers' living standards", *Common Sense*, n°18, décembre 1995.

ficatifs en termes de croyances et de pratiques politiques induites dans l'élite sociale, d'une part, et la remarquable stabilité dans les perceptions populaires, d'autre part. Un des chercheurs qui a le plus travaillé sur cet aspect des choses, Ivor Crewe, a montré que ce qu'il appelle "la croisade thatchérienne" est loin d'avoir atteint ses objectifs sur le plan de la transformation des valeurs dans la population britannique [25]. En d'autres termes, l'engouement pour le marché et sa discipline aussi impersonnelle qu'implacable reste largement confiné à ceux et celles qui ont pour vocation de diriger la société britannique. Pour les autres, la très grande majorité de la population, les valeurs "collectivistes" liées à l'ancien consensus social-démocrate, tant dénoncées par les néo-libéraux et plus récemment par les néo-travaillistes, restent vivaces. Malgré vingt ans d'offensive néo-libérale, les institutions de l'État-providence, héritage du réformisme travailliste de l'après-guerre, à commencer par le Service national de santé, restent remarquablement populaires. Certes les syndicats perdirent, pendant les années de crise sociale et économique, le soutien populaire massif dont ils bénéficiaient encore en 1974 lorsqu'ils s'affrontèrent au gouvernement conservateur de Heath : mais aujourd'hui plus personne n'ose évoquer la "menace syndicale" dans sa rhétorique politique et les syndicats ont retrouvé des niveaux de reconnaissance populaire d'avant la crise, tout en ayant perdu un nombre très significatif d'adhérents. Avec seulement un tiers de la population active syndiquée, le syndicalisme britannique a été terriblement affaibli, mais il reste trois fois plus fort (numériquement

25. Voir Ivor Crewe, "Values, the Crusade that Failed" dans D. Kavanagh, A. Seldon, *The Thatcher Effect. A Decade of Change*, Oxford, Clarendon Press, 1989. Voir aussi, "Electoral Behaviour" dans D. Kavanagh et A.Seldon, *The Major Effect*, Londres, MacMillan, 1994.

parlant) que son homologue français. Surtout les syndicats britanniques, dans leur majorité, n'ont pas suivi Anthony Blair dans sa rénovation néo-libérale, et on voit déjà émerger les premières tensions entre les directions syndicales et le gouvernement travailliste (concernant la réduction de l'allocation de parent isolé, débattue au Parlement à la fin de l'année 1997, ou le salaire minimum, que le gouvernement de Tony Blair va maintenir à un niveau très bas, pour ne pas désespérer les employeurs).

Si la pensée est unique, elle n'est pas partagée par tout le monde. L'utopie hayekienne - ce rêve d'un monde sans syndicats où chacun se soumettrait aux coups de la main invisible du marché, acceptant un ordre naturel dans lequel les entrepreneurs jouiraient de la reconnaissance de tous - a encore des jours difficiles devant elle, même dans cette Grande-Bretagne privatisée et déréglementée qui est devenue la nouvelle patrie symbolique de nombre de commentateurs français.

BIBLIOGRAPHIE SÉLECTIVE SUR LE NÉO-LIBÉRALISME ET LES *THINK TANKS* BRITANNIQUES

BERNAS (Colette), "Le "thatchérisme" : un point de non-retour?", *La Pensée*, n°234, 1983, p. 125-144; "Le thatchérisme est-il un "modèle" exportable?", *Recherches Internationales*, n°11, janvier-mars 1984, p. 67-80.

BOURDIEU (Pierre), *Contre-feux.* Propos pour servir à la résistance contre l'invasion néo-libérale, Paris, Liber-Raisons d'Agir, 1998.

COCKETT (Richard), *Thinking the Unthinkable. Think-Tanks and the Economic Counter-Revolution. 1931-1983*, Londres, Fontana Press, 1995.

DESAI (Radikha), "Second-Hand Dealers in Ideas : Think-Tanks and Thatcherite Hegemony", *New Left Review*, n°203, 1994, p. 27-64.

FARNETTI (Richard) et WARDE (Ibrahim), *Le Modèle anglo-saxon en question*, Paris, Economica, 1997.

GAMBLE (Andrew), *The Free Economy and the Strong State. The Politics of Thatcherism*, Londres, MacMillan, 1988.

HALL (Stuart) *et al*, *Policing the Crisis*, Londres, Macmillan, 1978.

HAYEK (Friedrich von), *La route de la servitude*, Paris, Presses Universitaires de France, 1993.

HUTTON (Will), *The State We're In*, Londres, Jonathan Cape, 1995.

JENKINS (Peter), *La révolution de Madame Thatcher ou la fin de l'ère socialiste*, Paris, Robert Laffont, 1991.

JOURNES (Claude), *L'État britannique*, Paris, Publisud, 1985.

KANDIAH (Michael David) et SELDON (Anthony), *Ideas and Think Tanks in Contemporary Britain*, Vols. 1 et 2, Londres, Frank Cass, 1996.

LERUEZ (Jacques), *Le phénomène Thatcher*, Bruxelles, Editions Complexe, 1991.

PASCHE (C.) et PETERS (S.), "Les premiers pas de la Société du Mont-Pèlerin ou les dessous chics du néo-libéralisme", *Les Annuelles*, 8, 1997, p. 191-216.

POIRIER (François), *Génération Thatcher. La Culture politique de l'Angleterre*, Saint-Denis, Presses Universitaires de Vincennes, 1992.

SORMAN (Guy), *La solution libérale*, Paris, Fayard, 1984.

STONE (Diane), *Capturing the Political Imagination. Think Tanks and the Policy Process*, Londres, Frank Cass, 1996.

WIENER (Martin J.), *English Culture and the Decline of the Industrial Spirit 1850-1980*, Harmondsworth, Penguin, 1985.

Traduction par l'auteur des citations des ouvrages en anglais.

TABLE DES MATIÈRES

Achevé d'imprimer sur rotative
par l'Imprimerie Darantiere à Dijon-Quetigny
en septembre 1998

2e édition

Dépôt légal : 3e trimestre 1998
N° d'impression : 98-0956